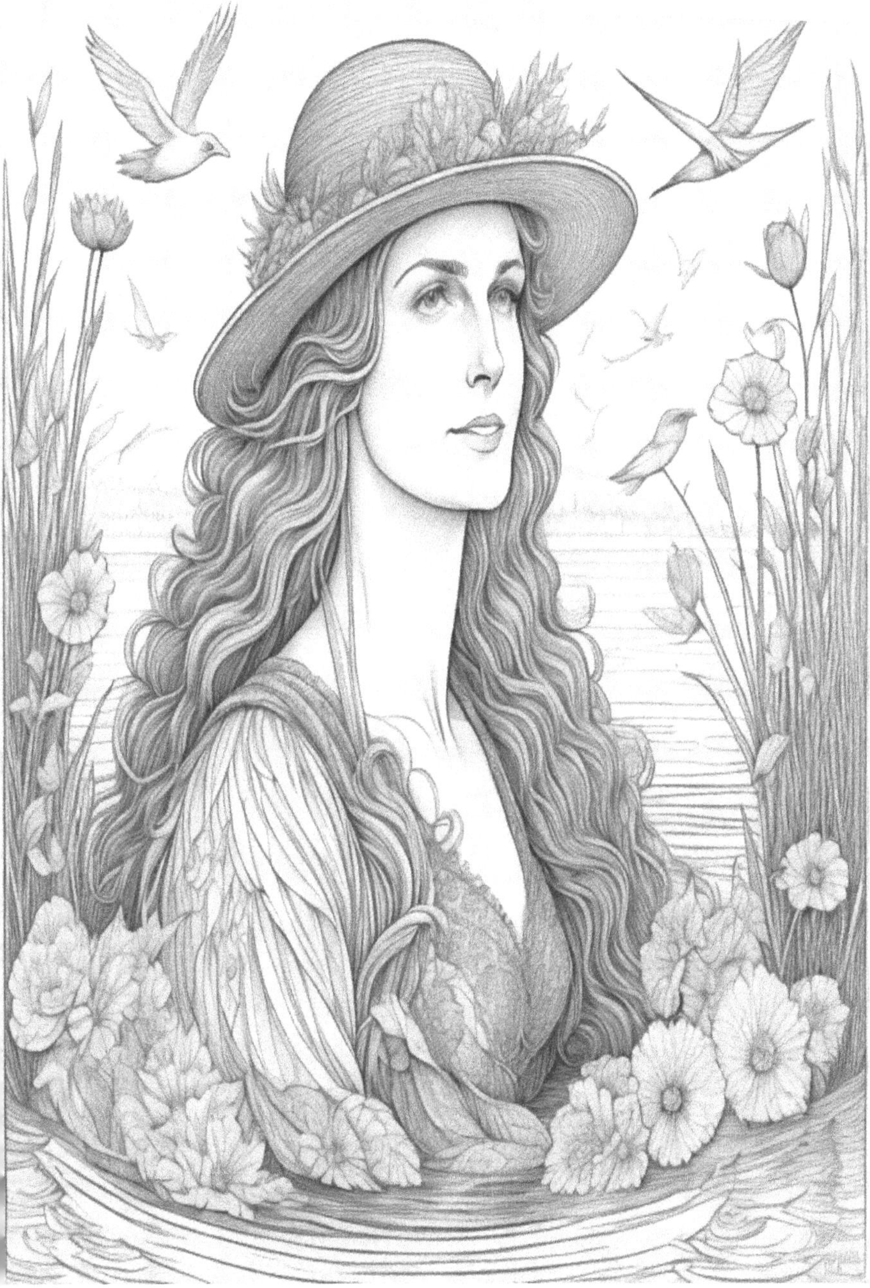

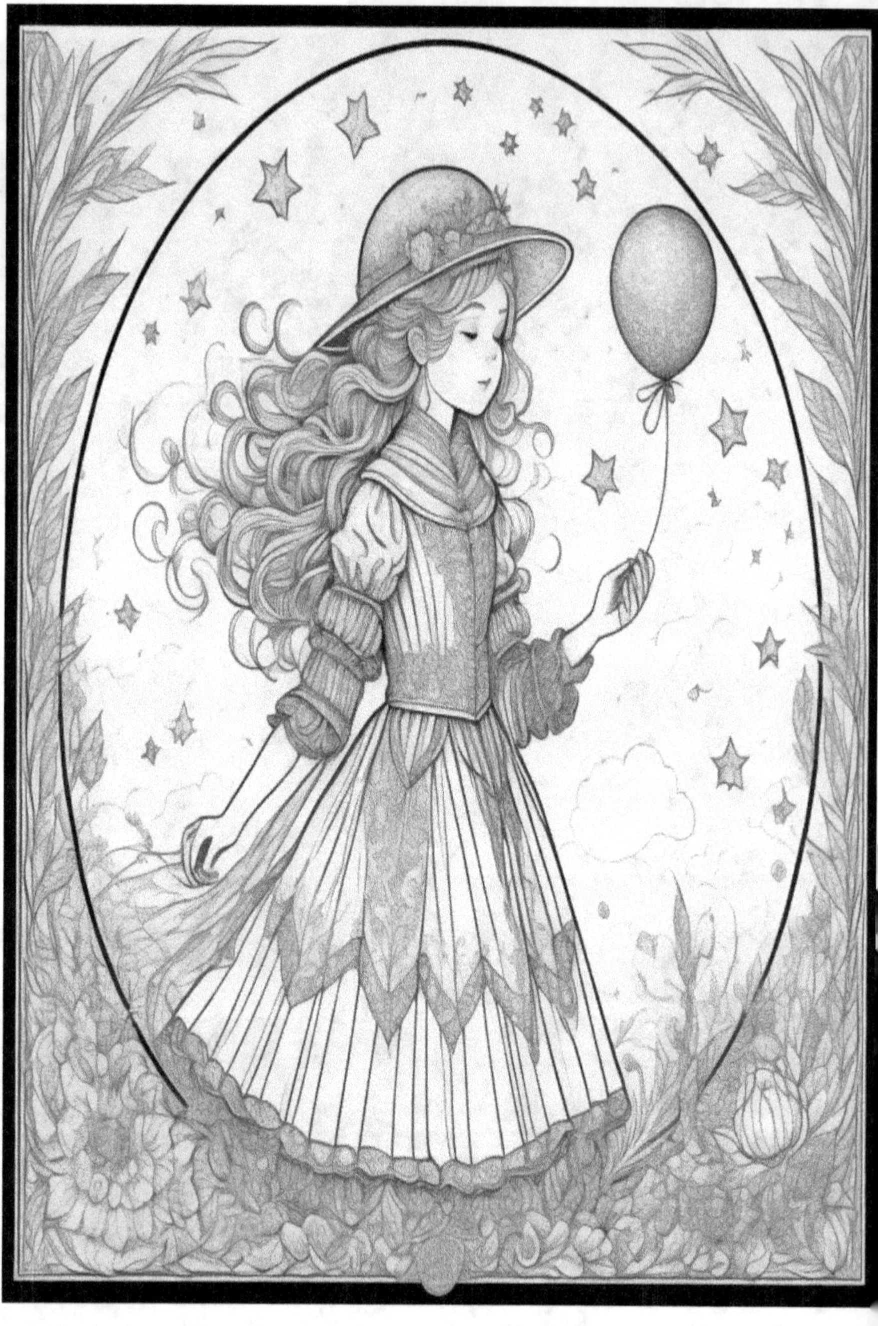

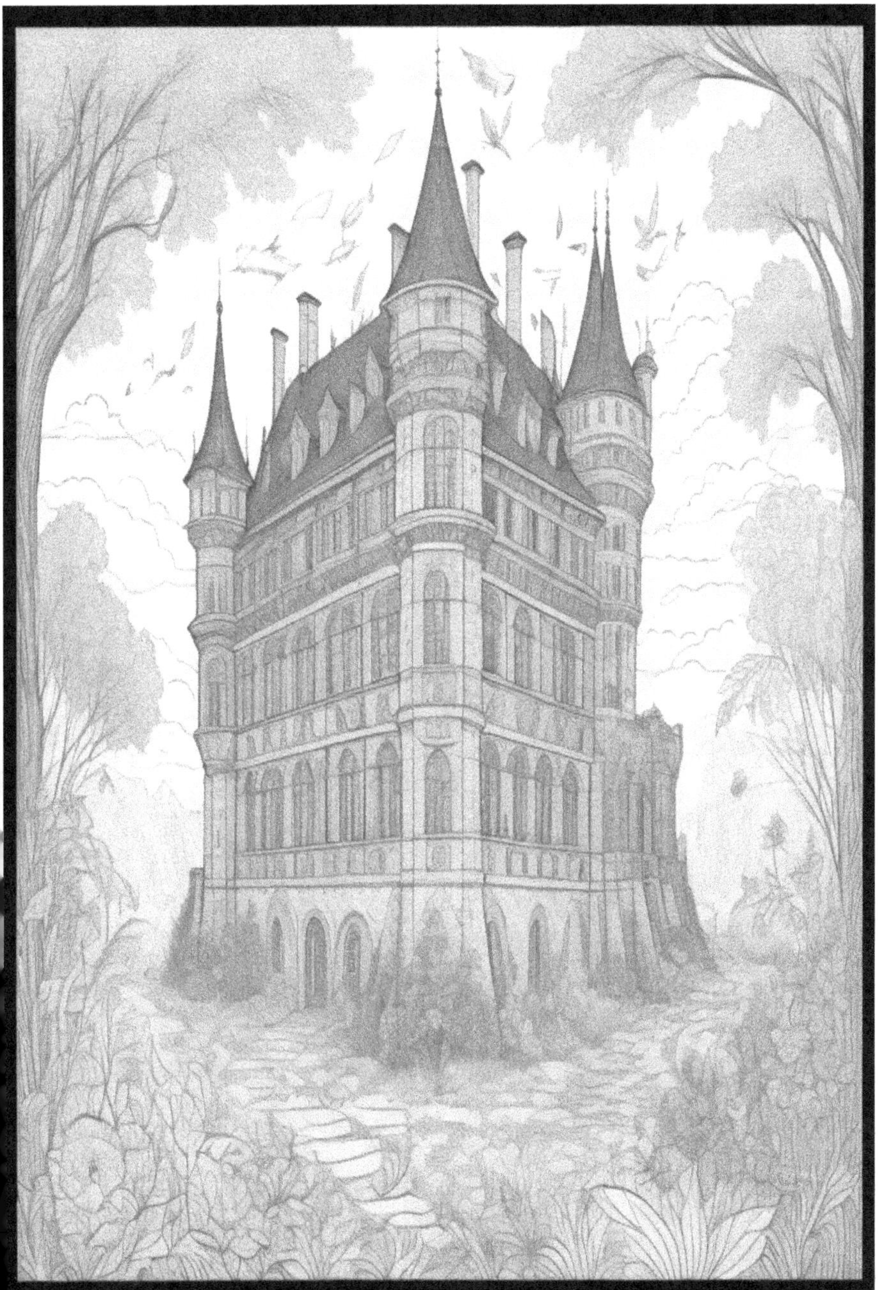

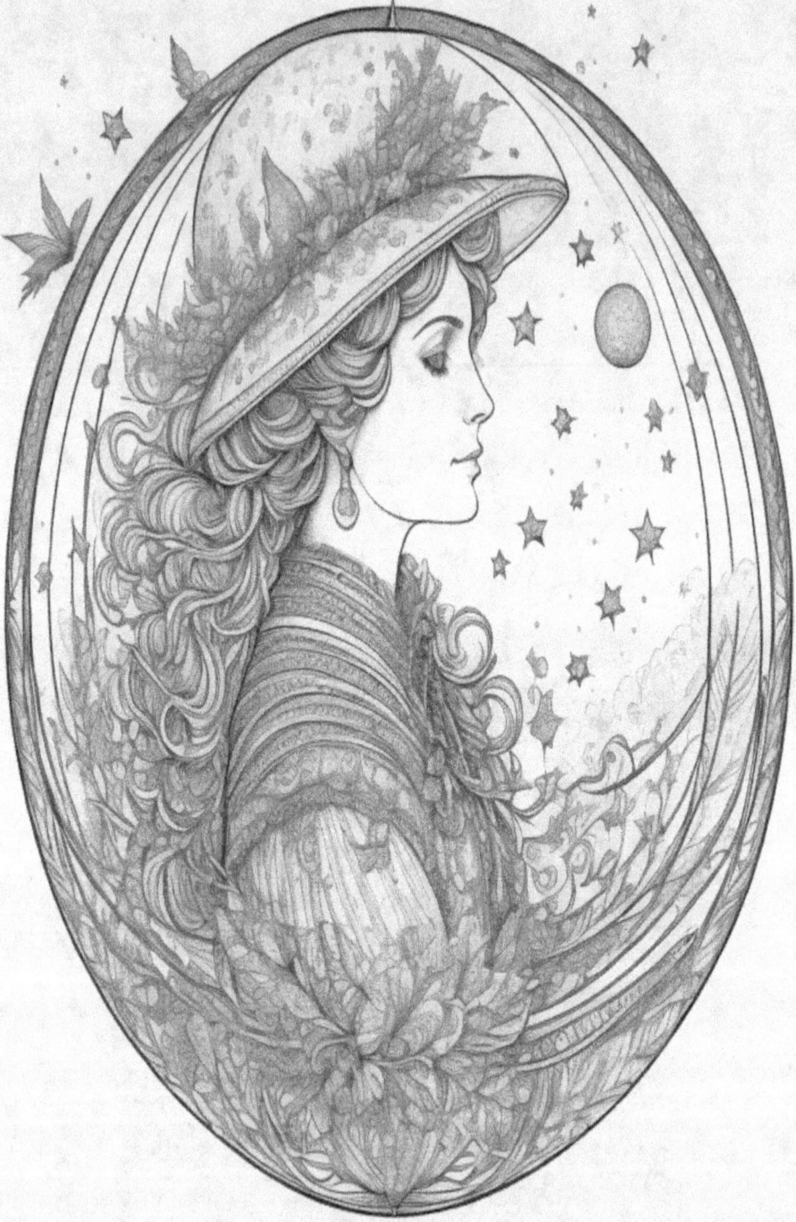

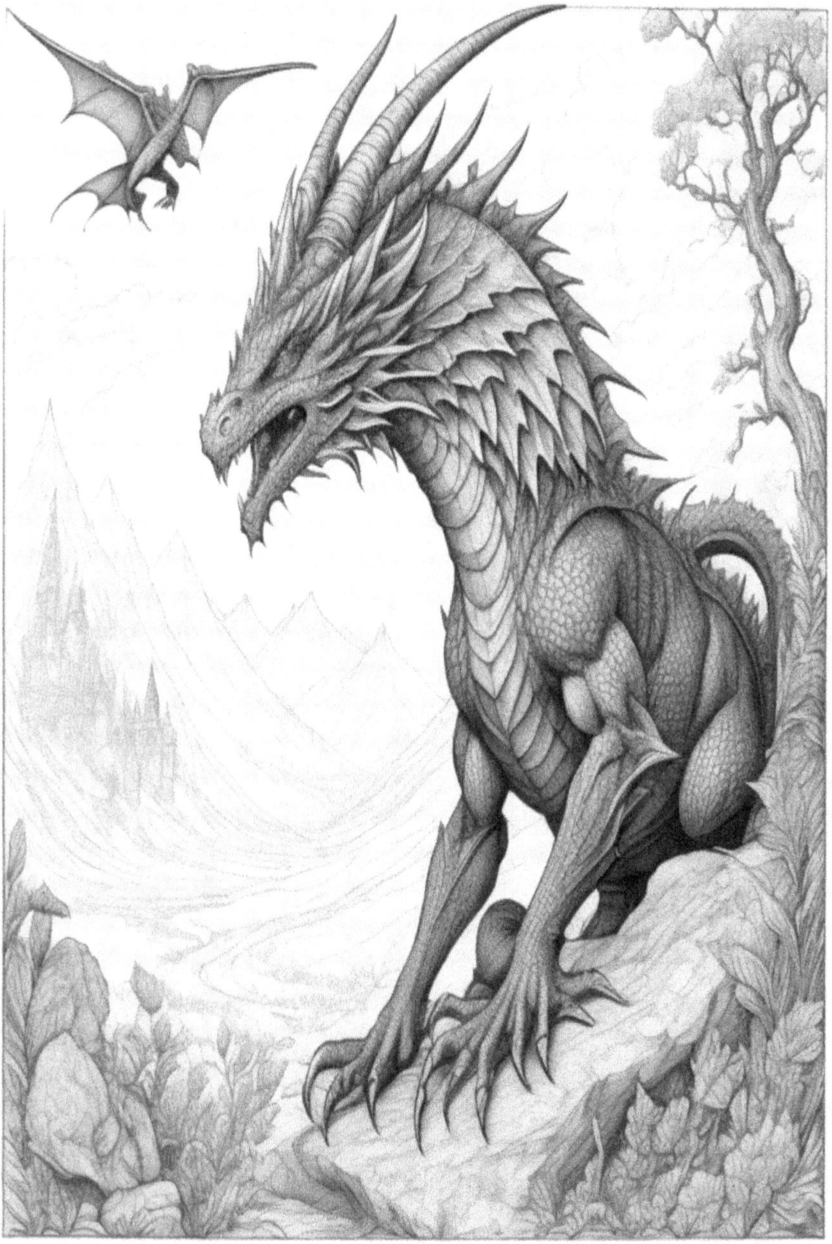

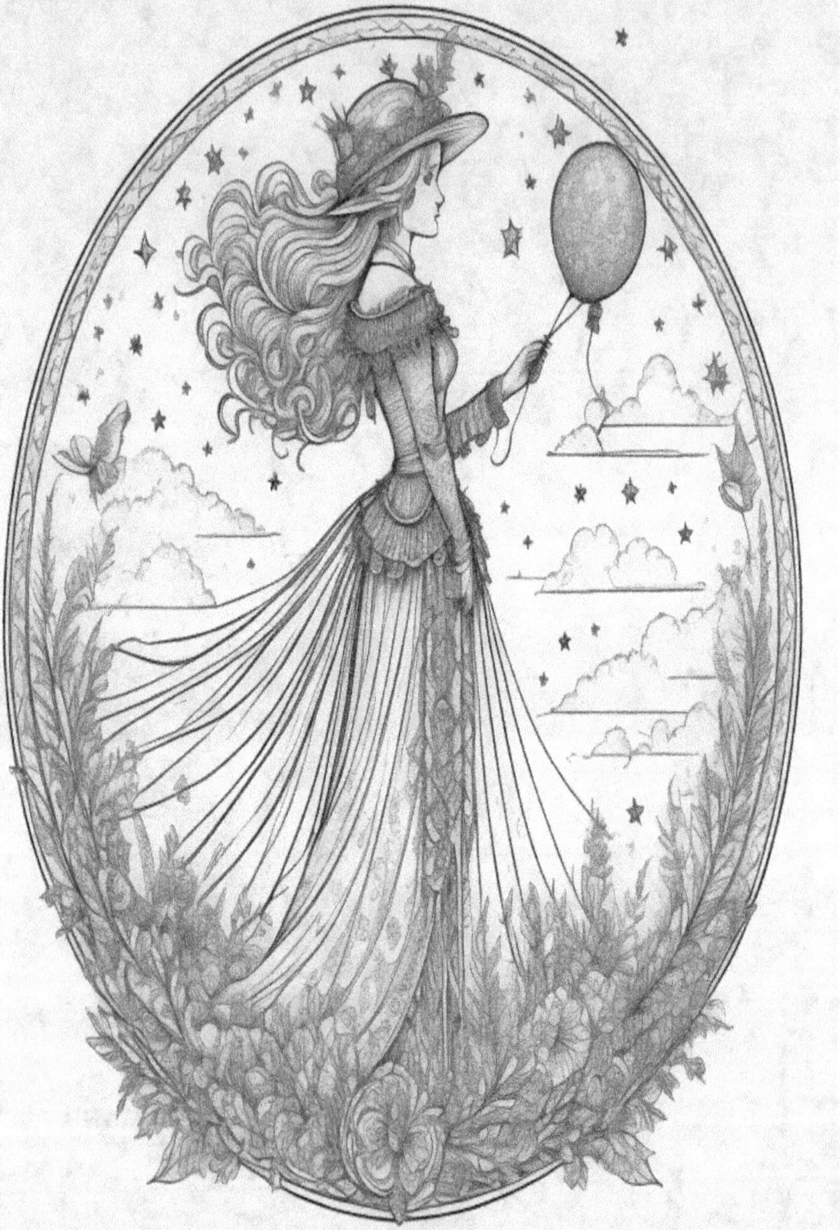

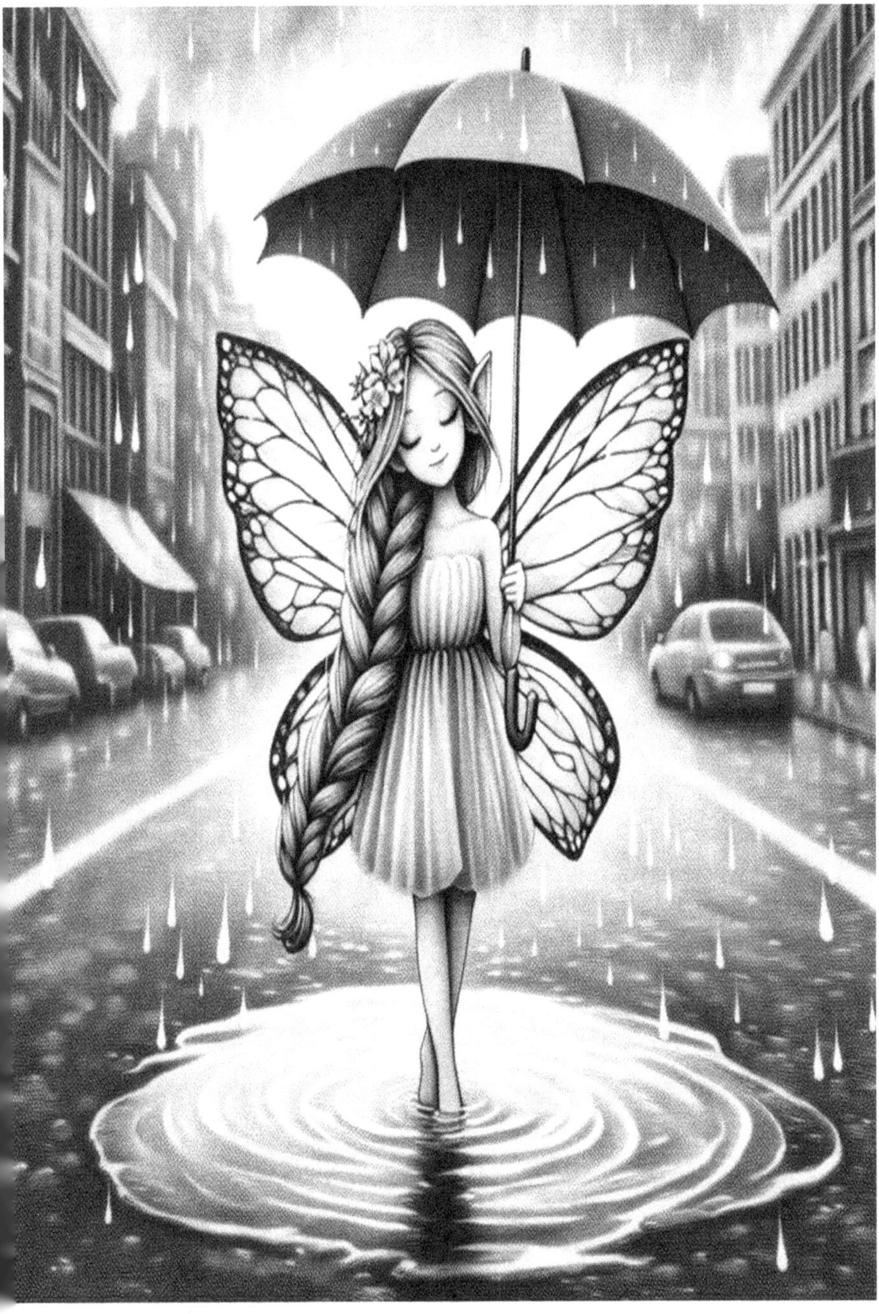

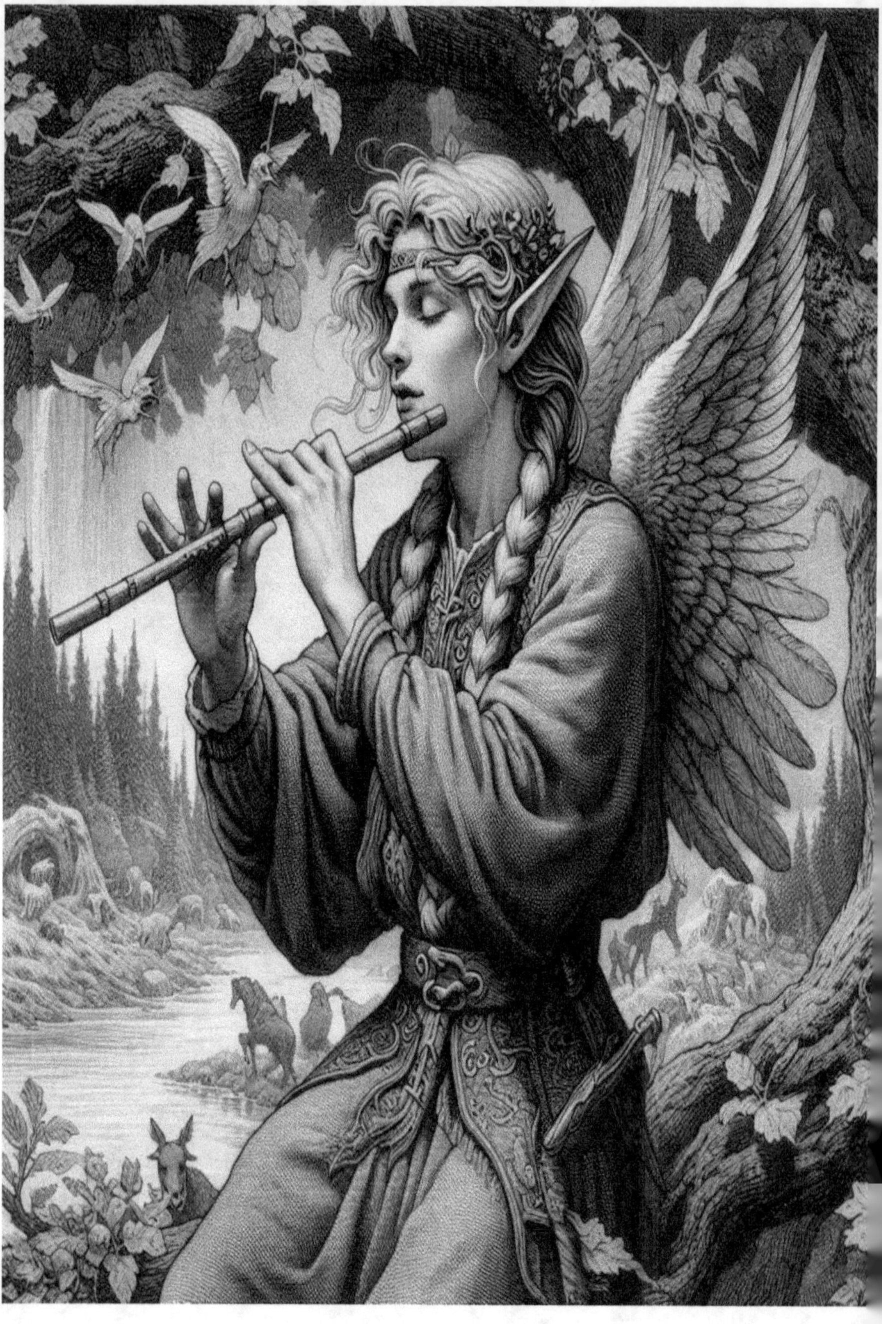

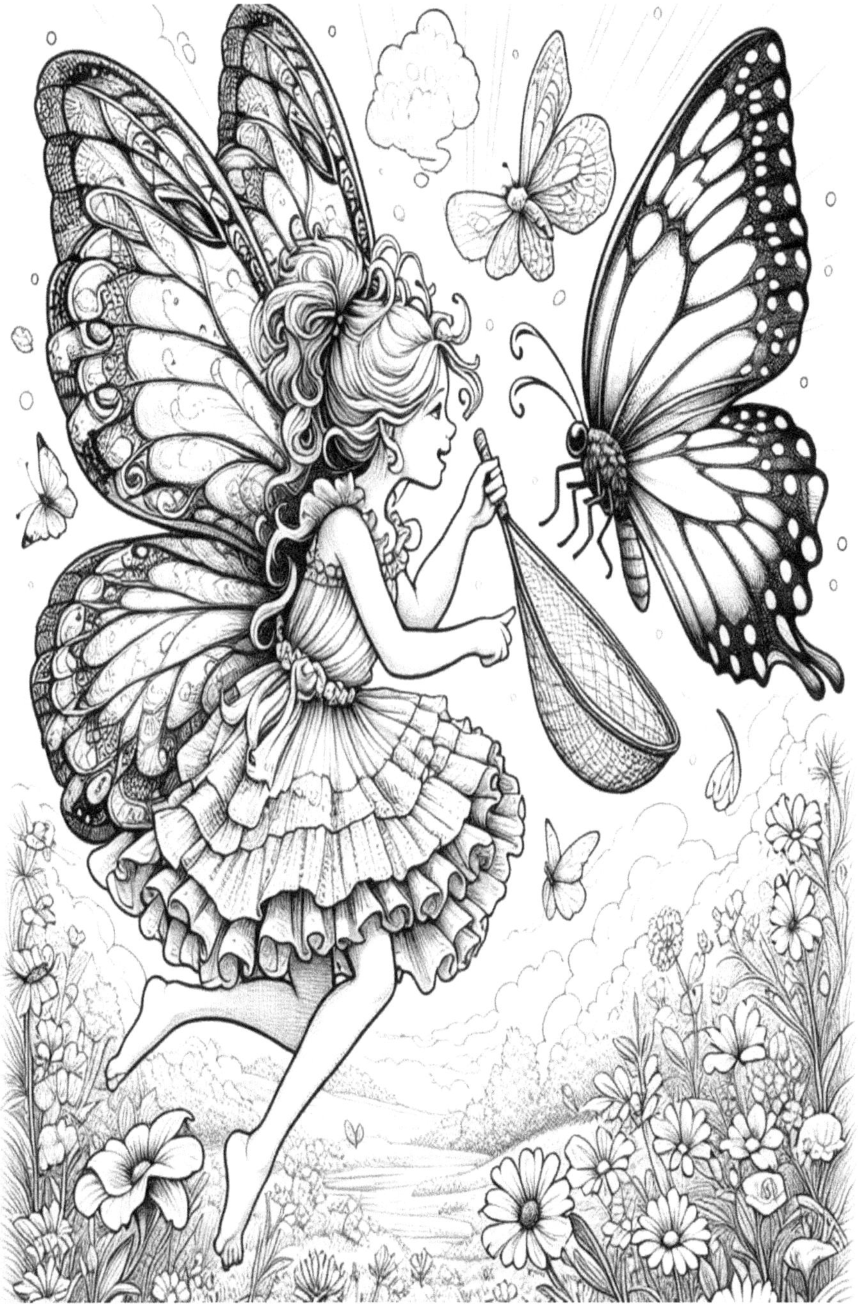

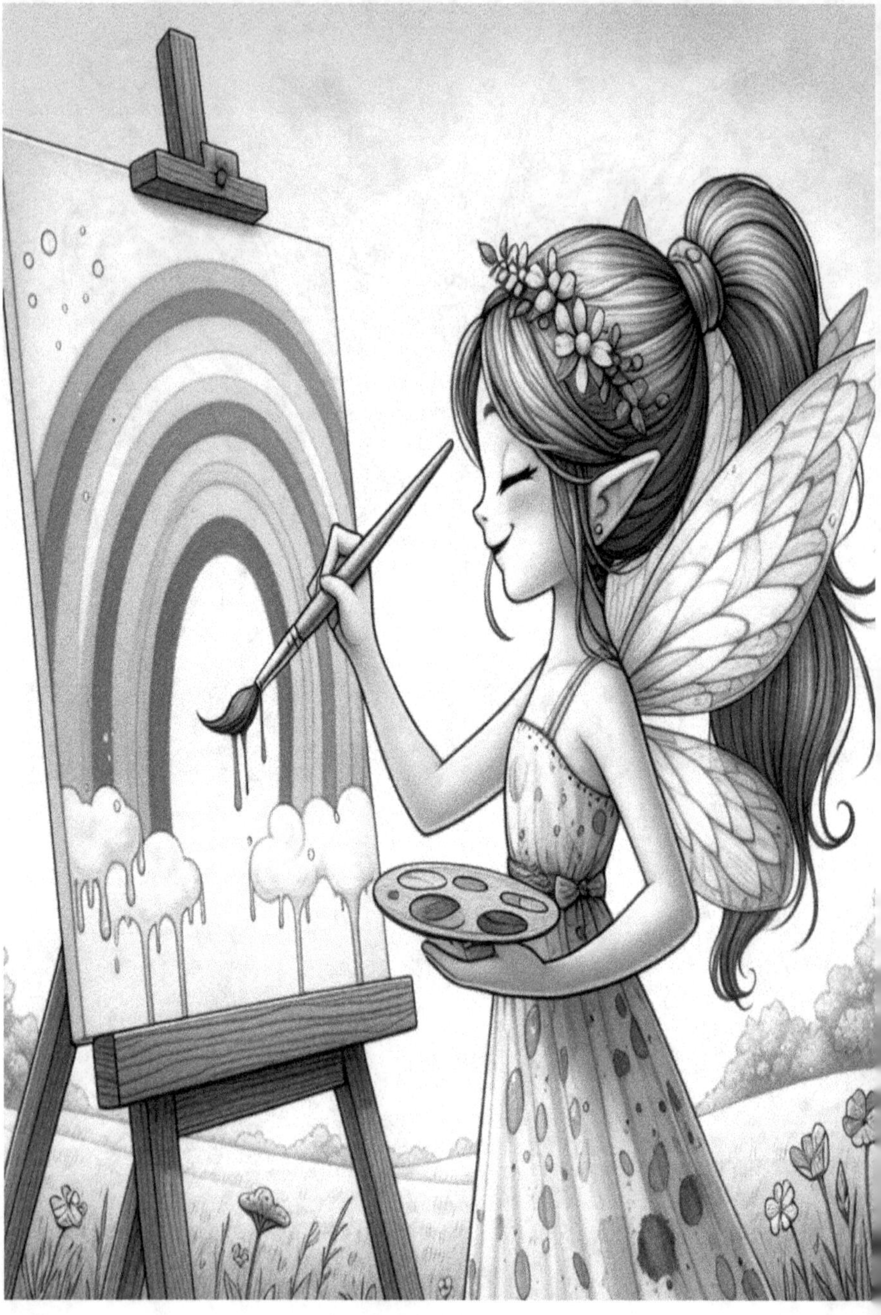

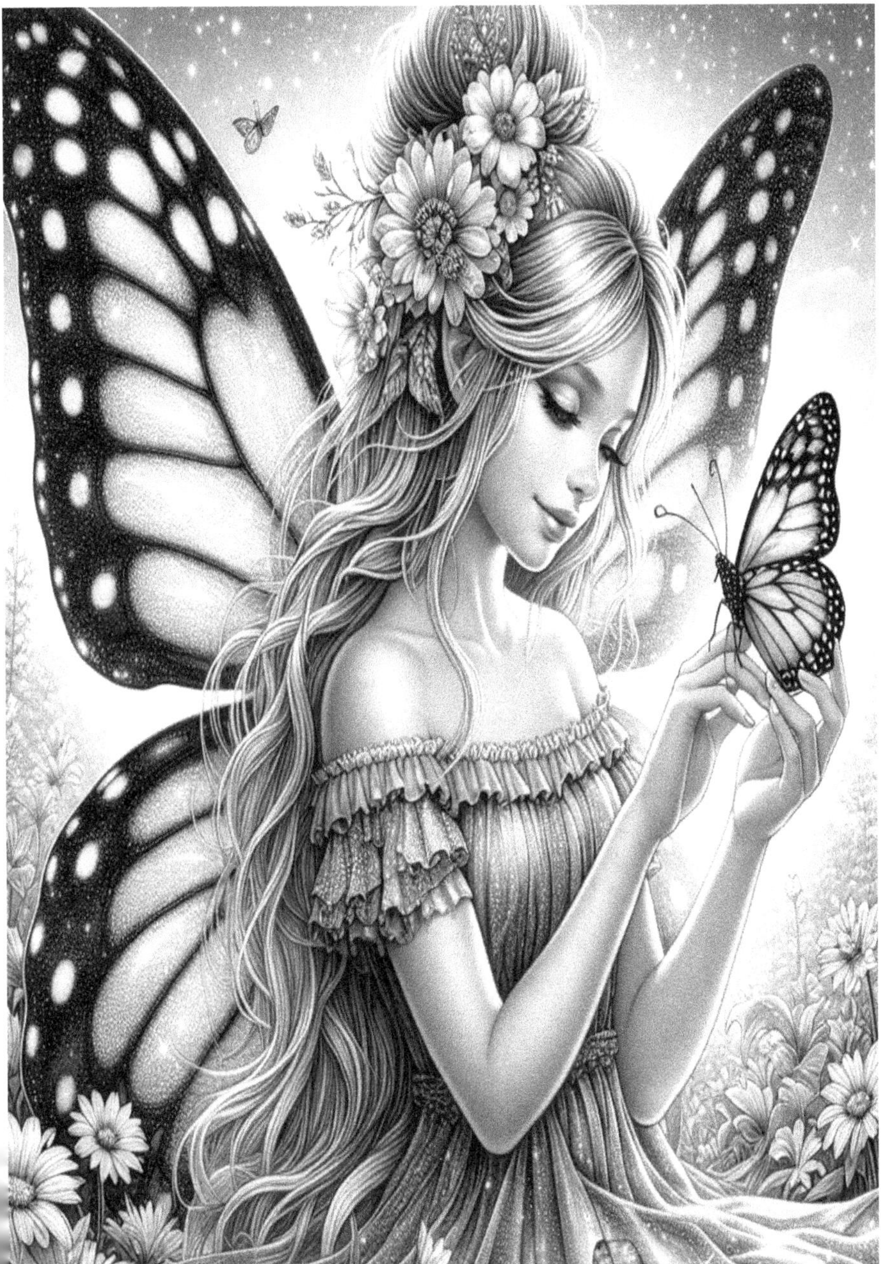

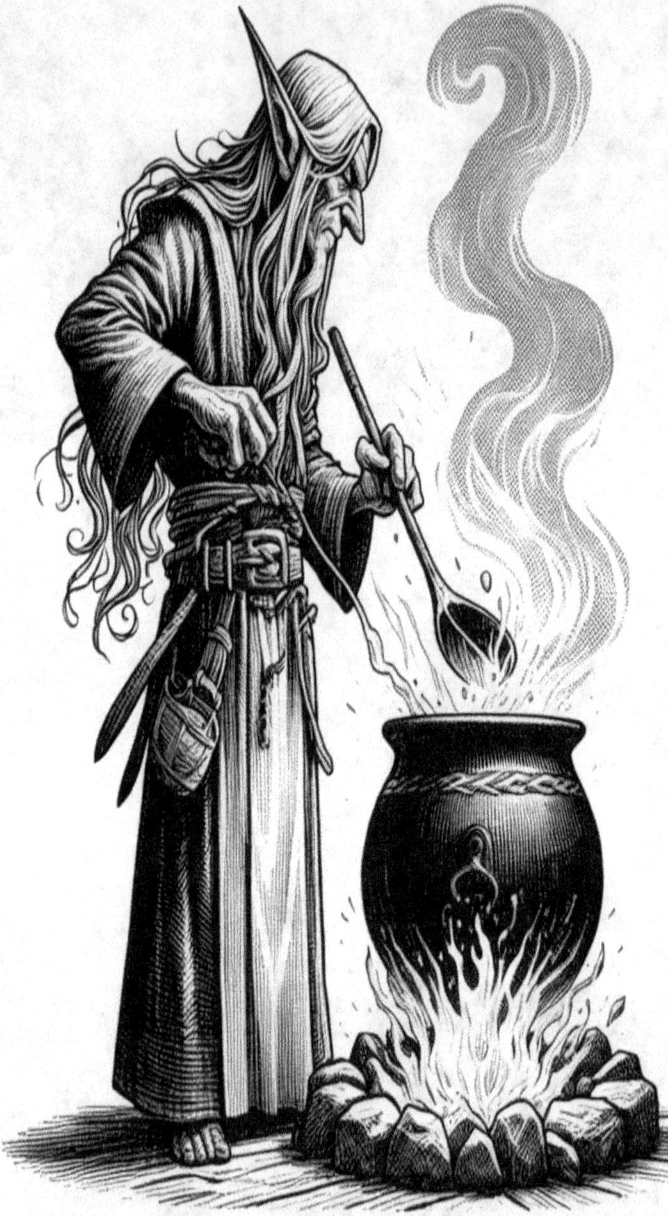

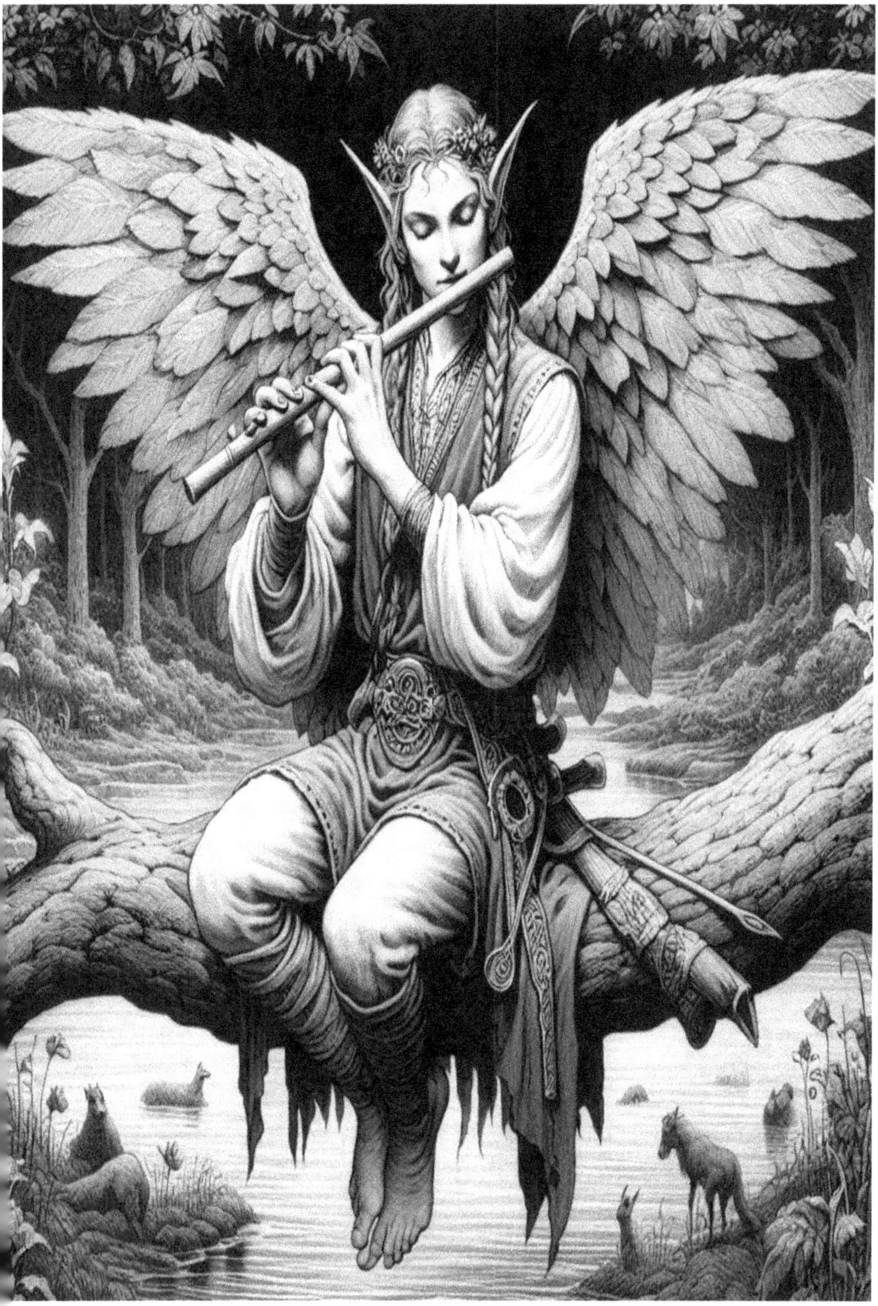

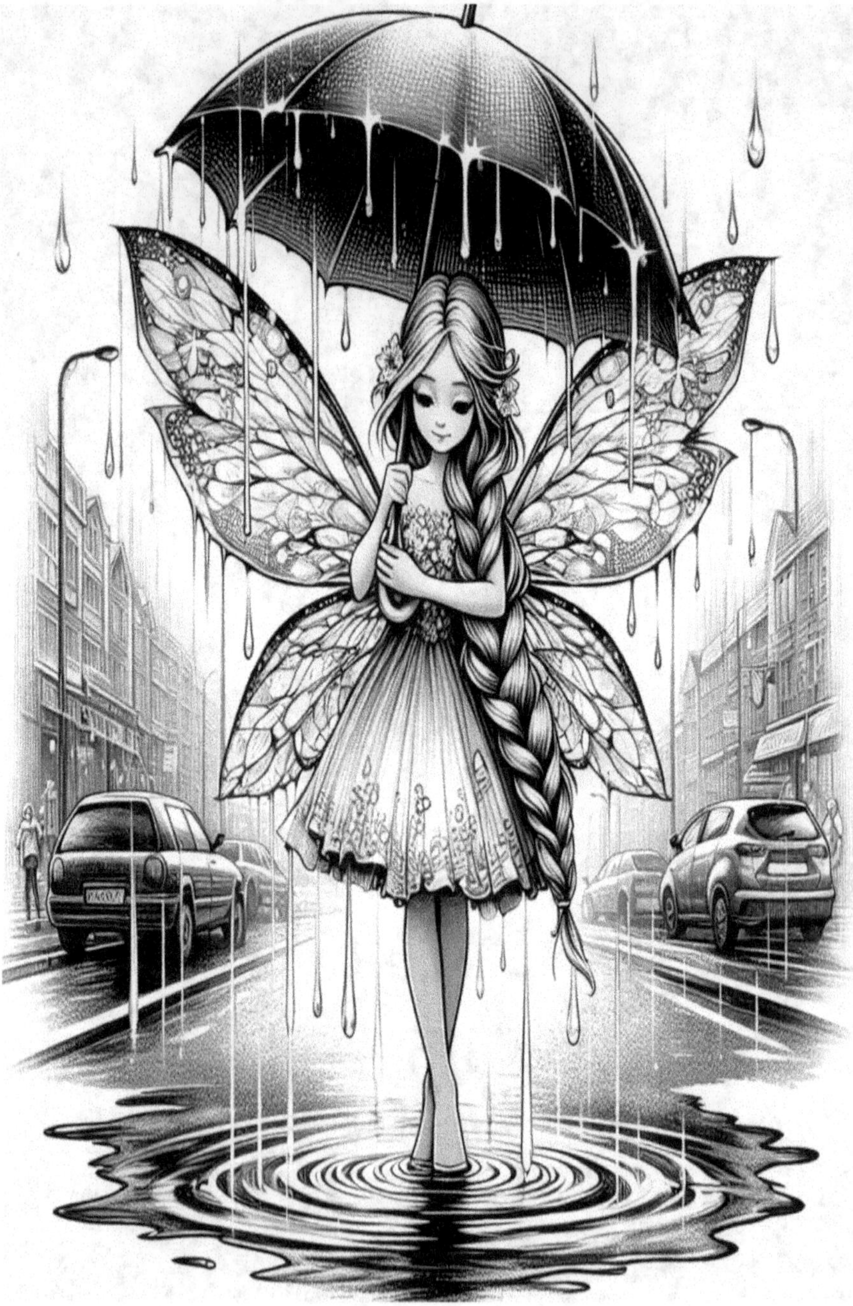

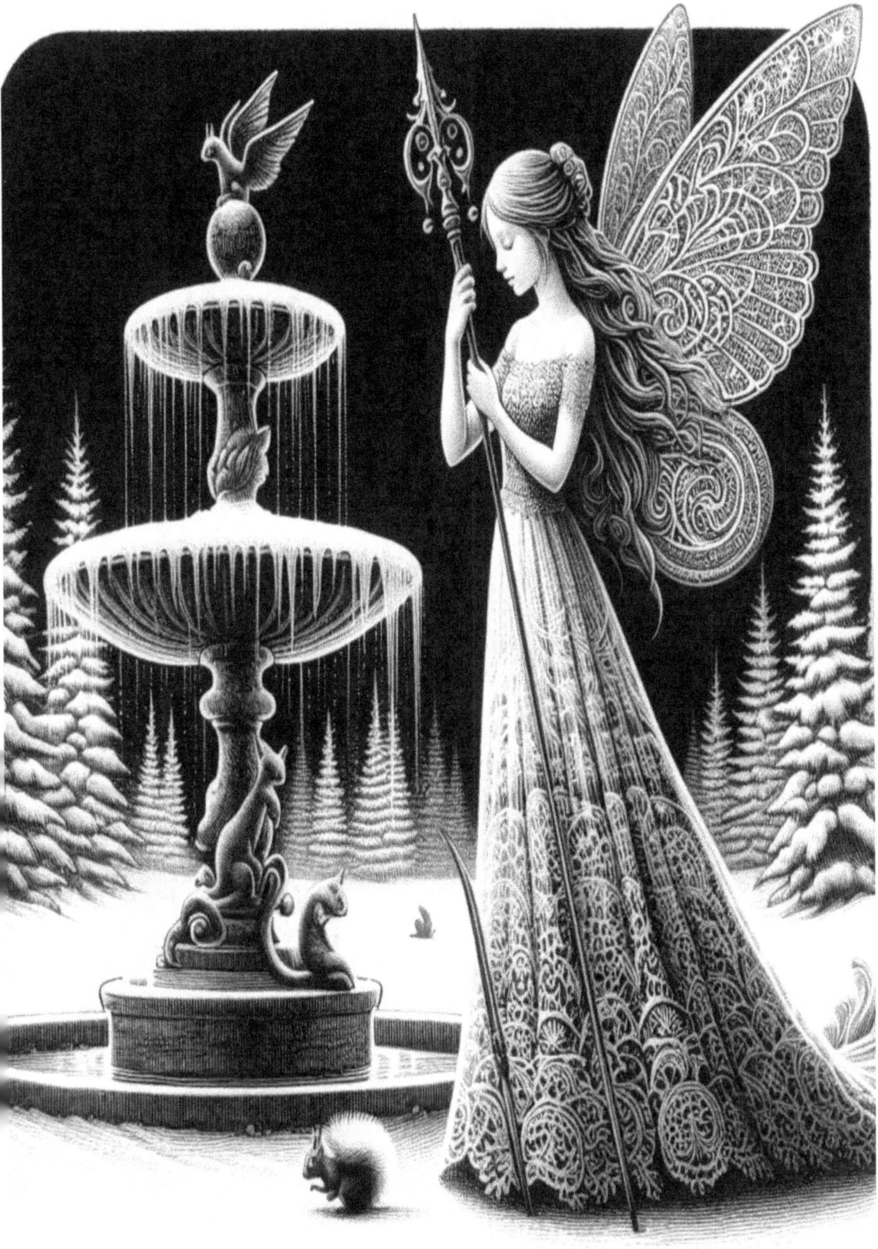

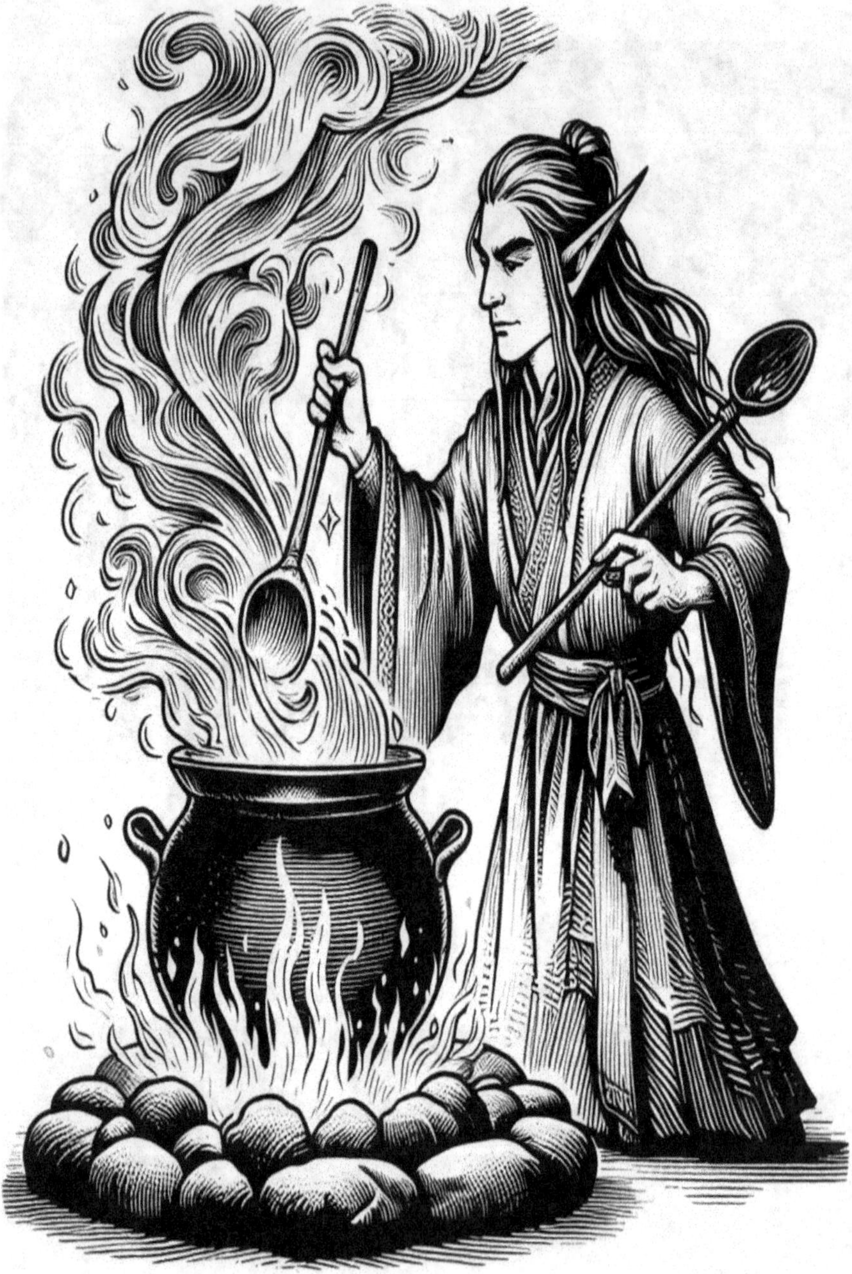

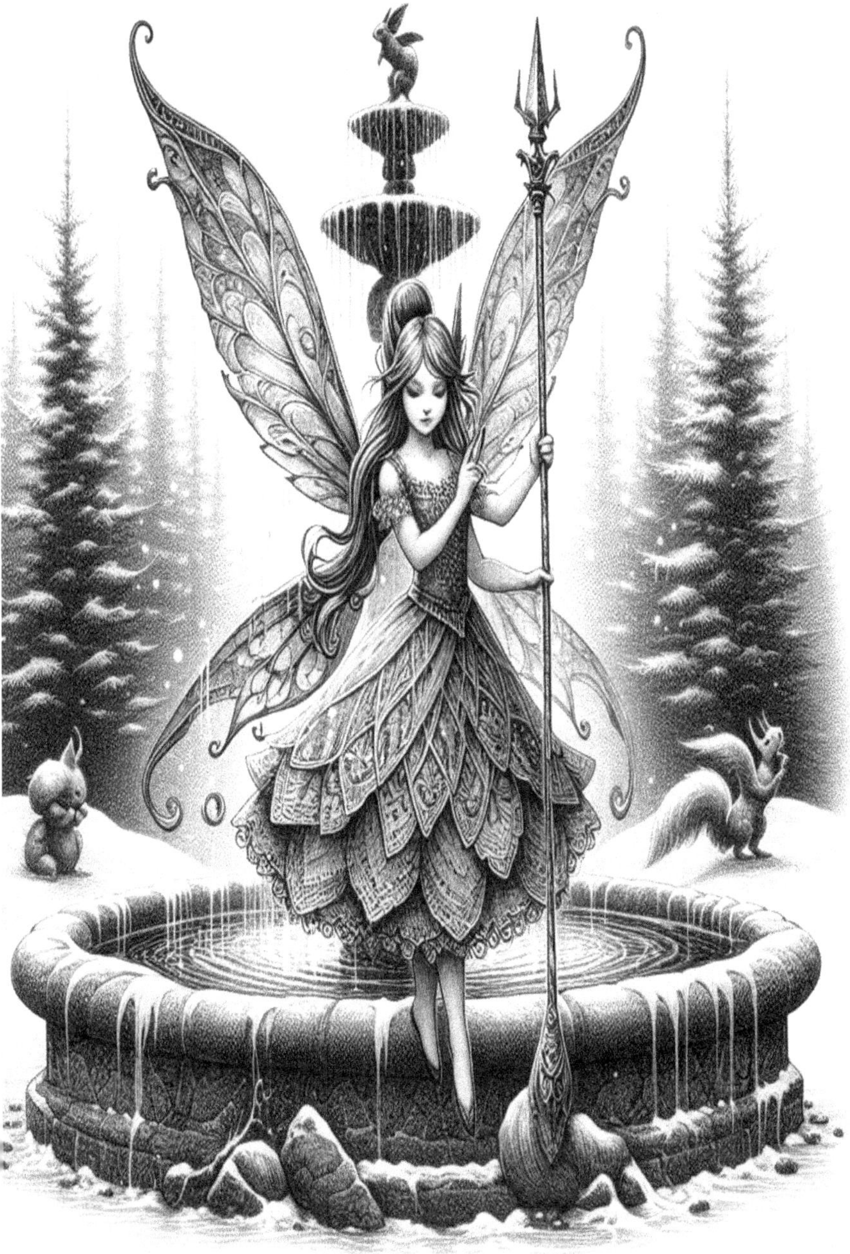

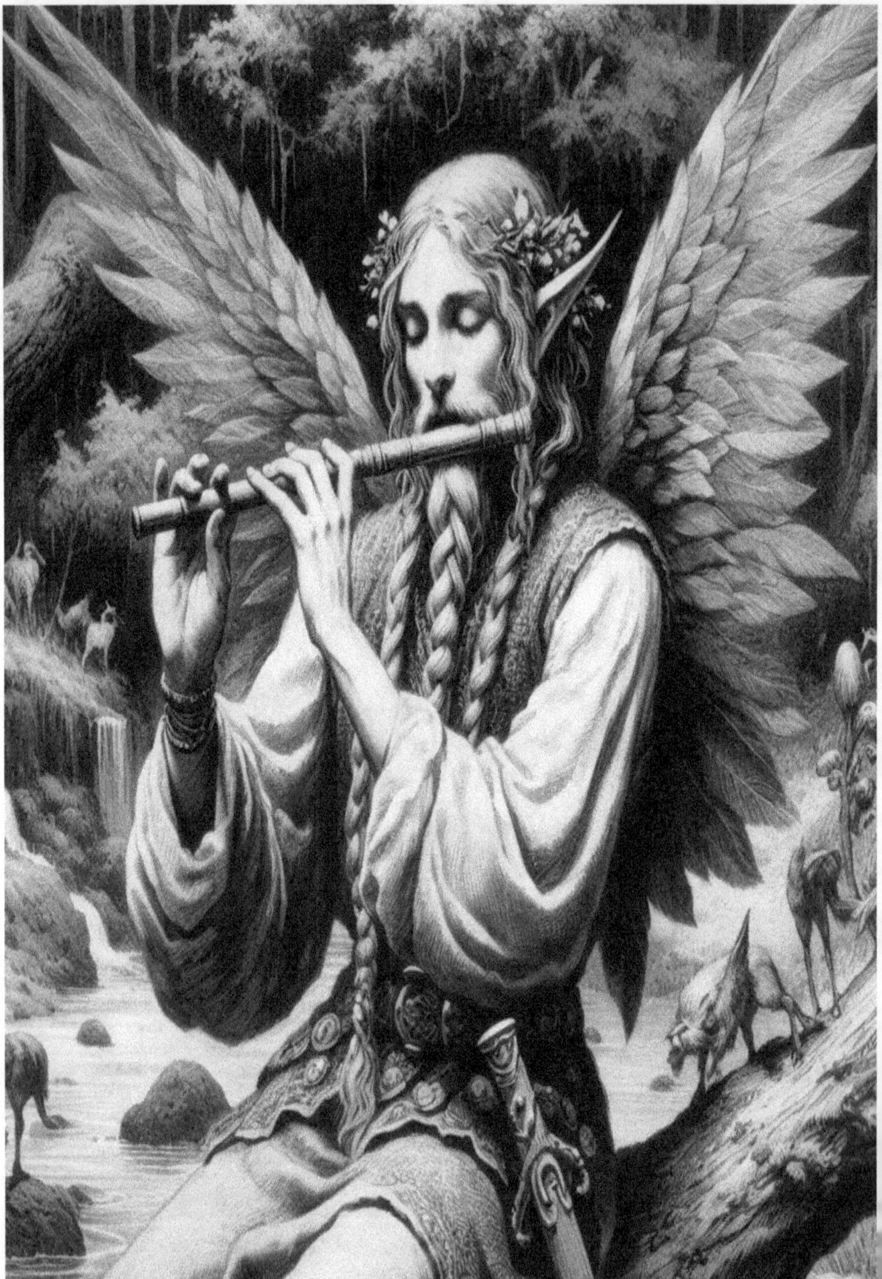

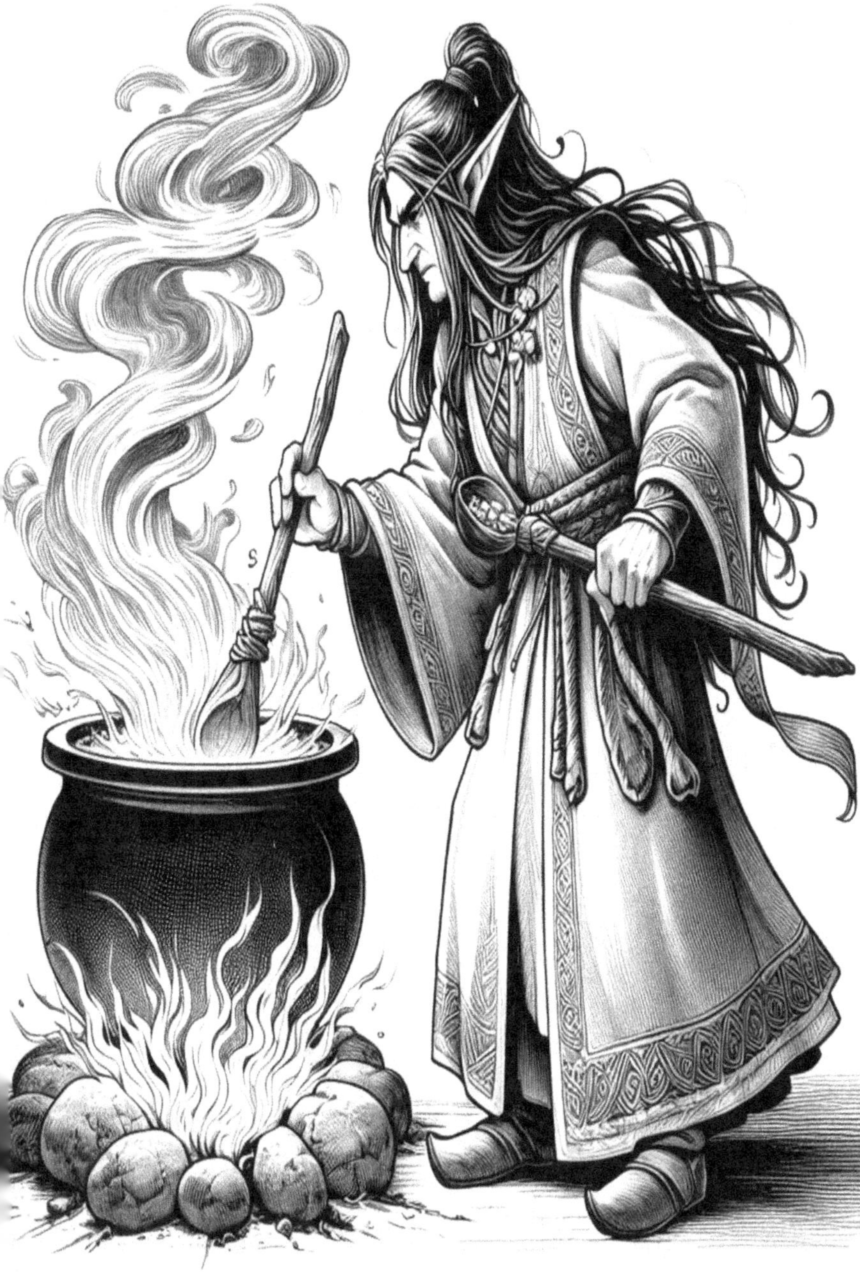

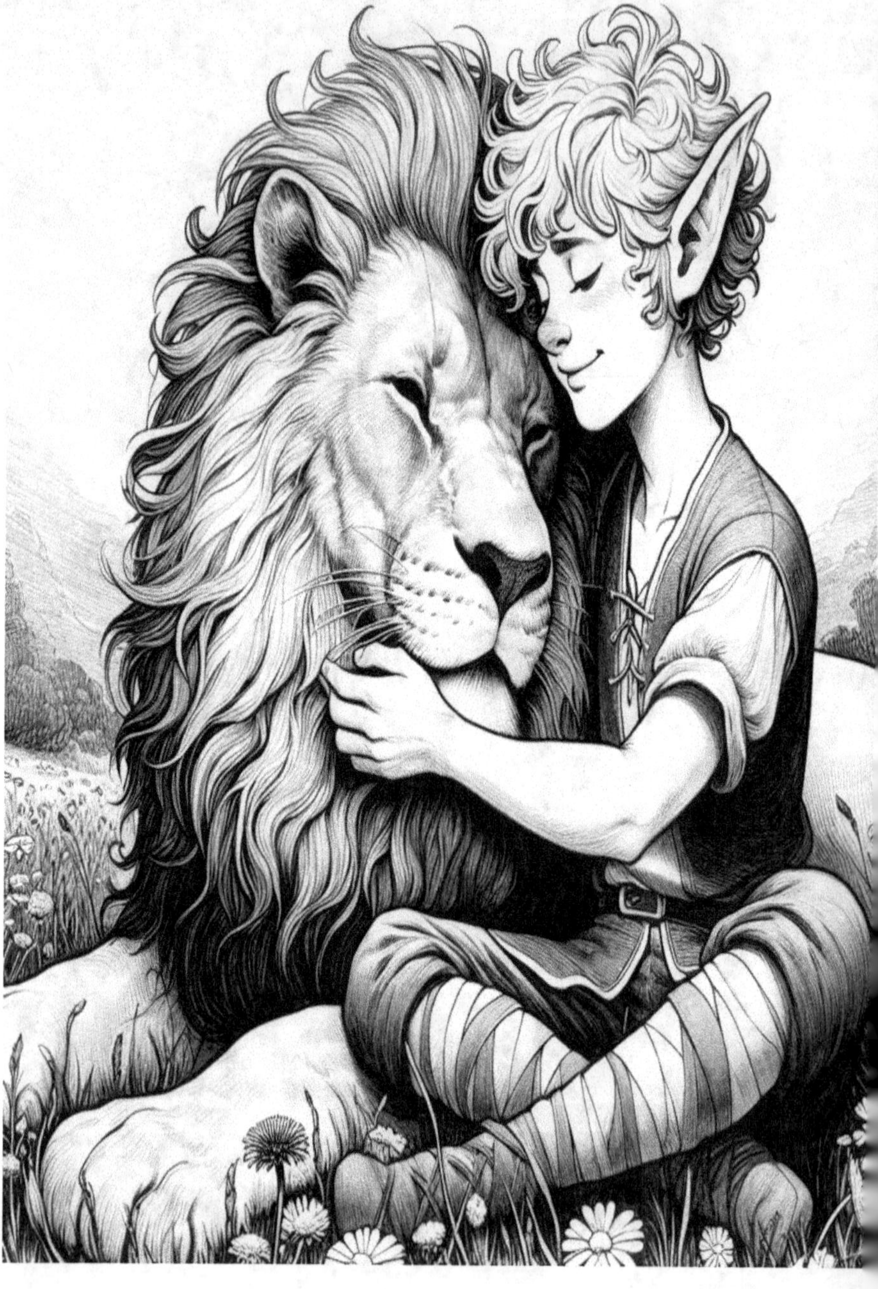

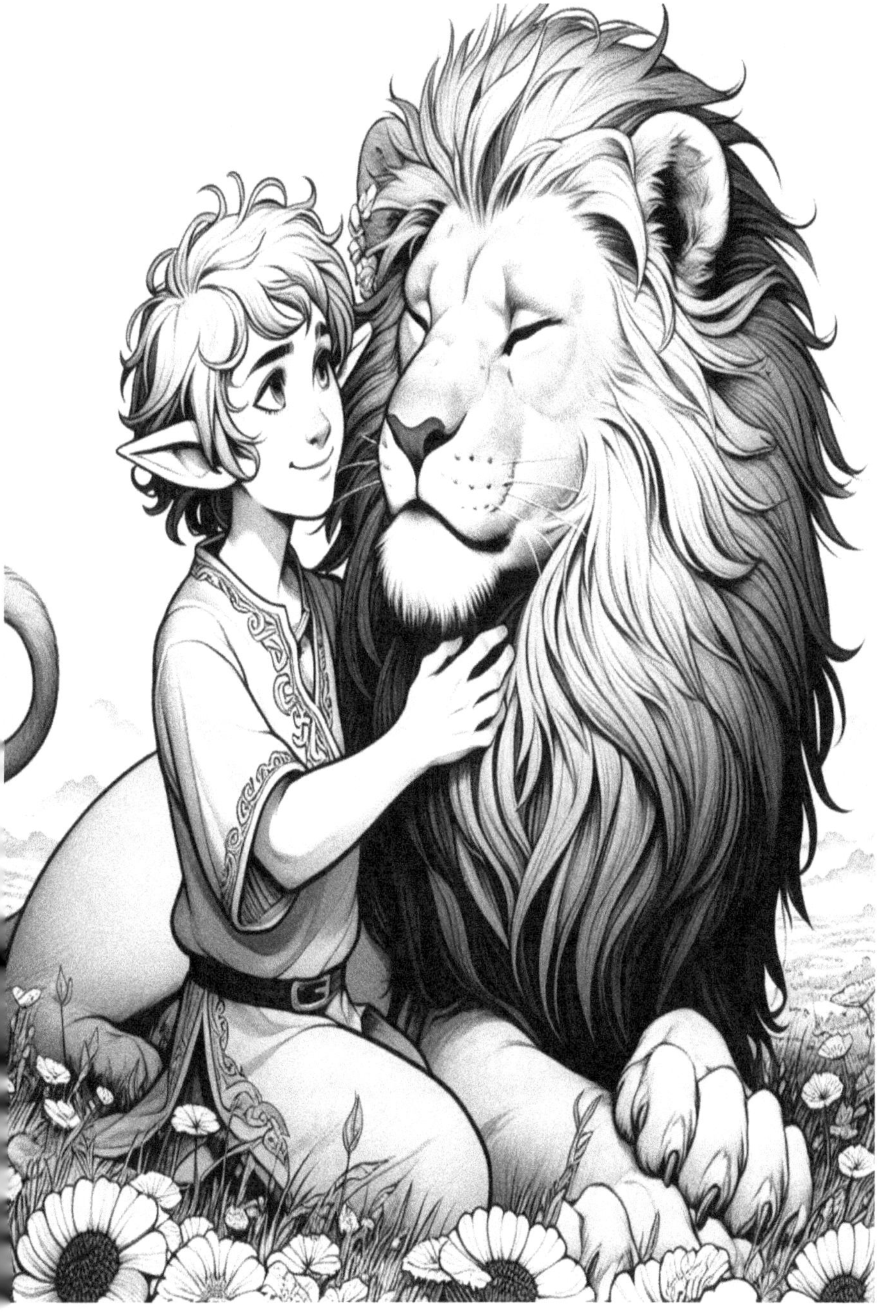

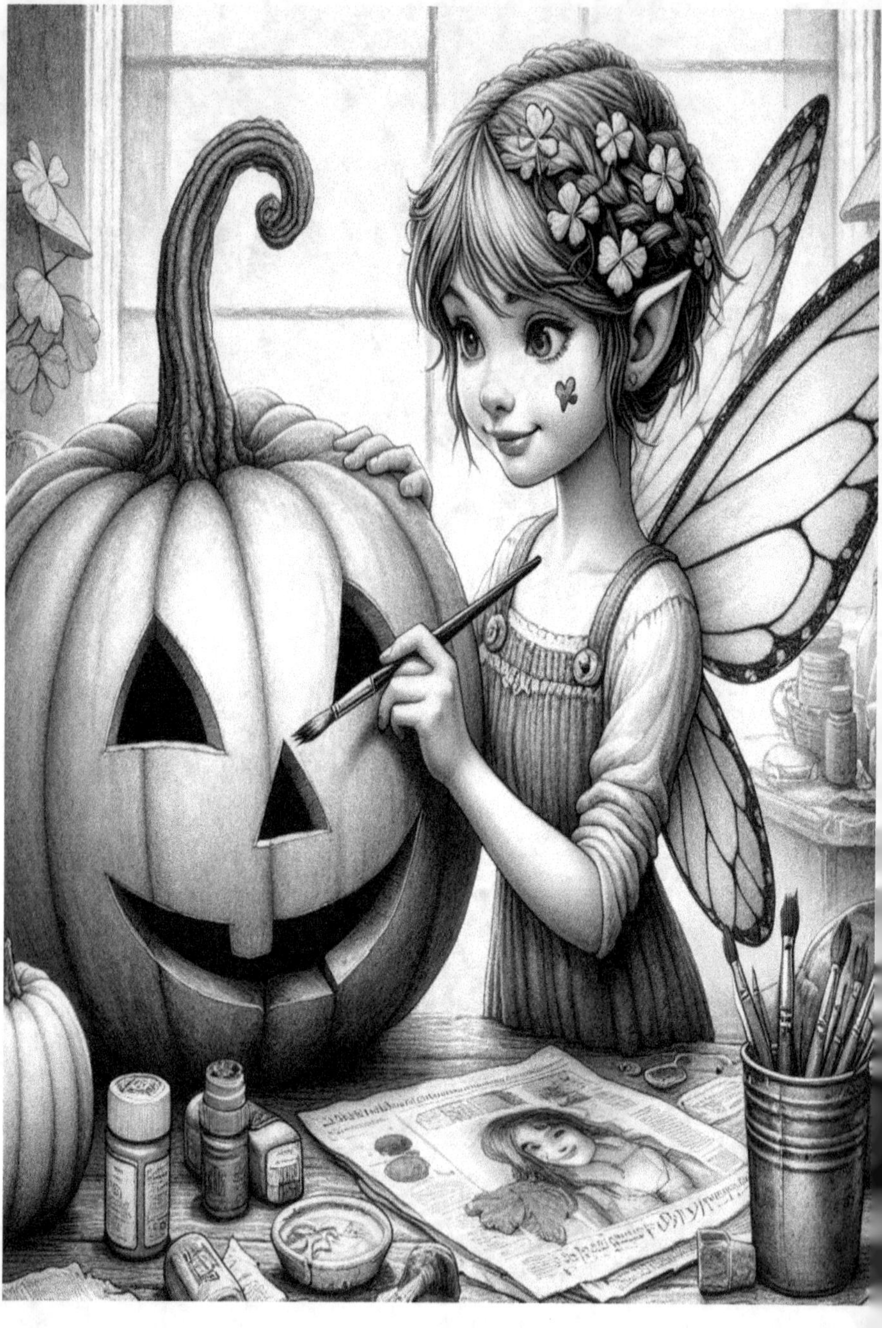

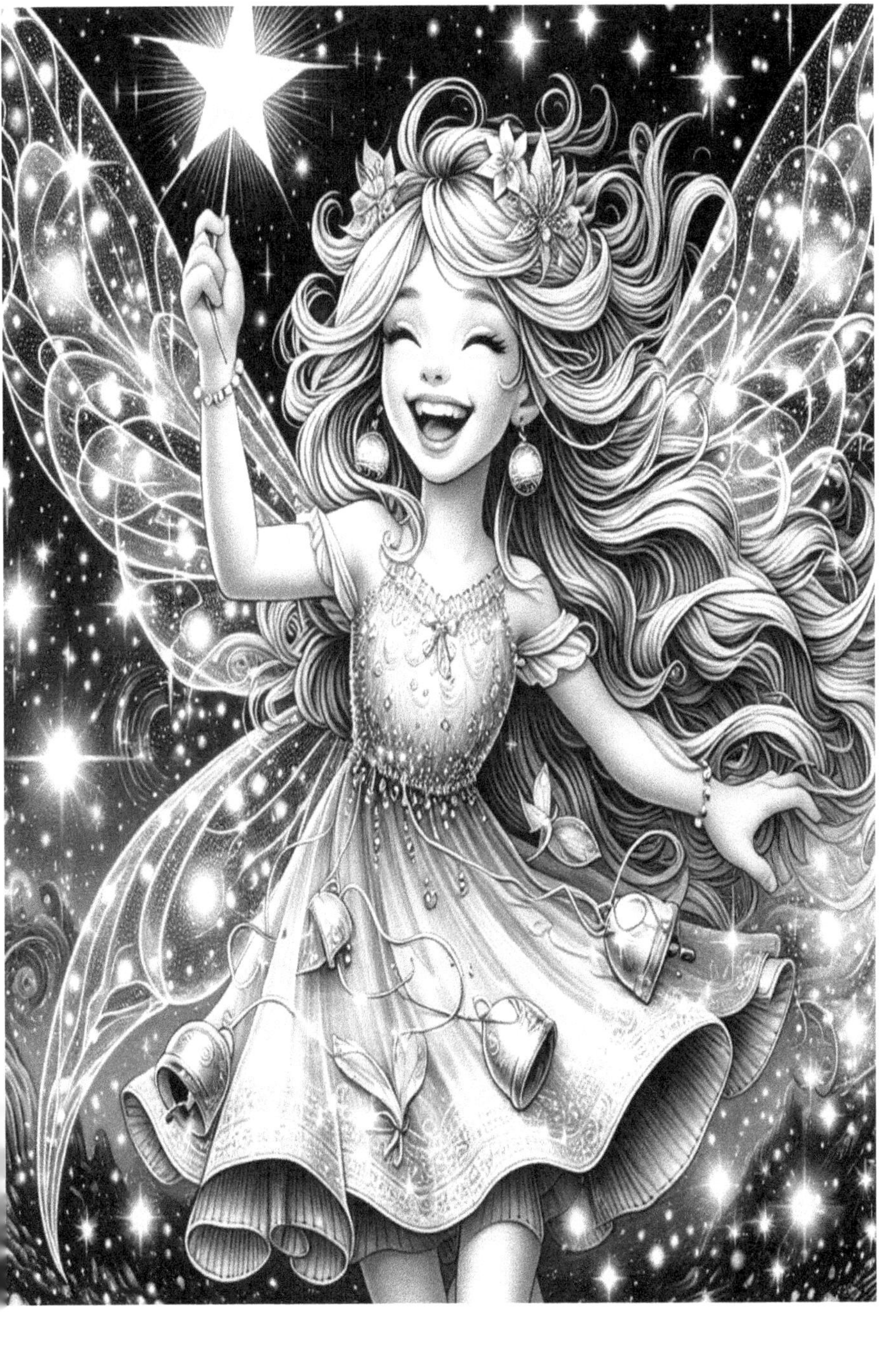

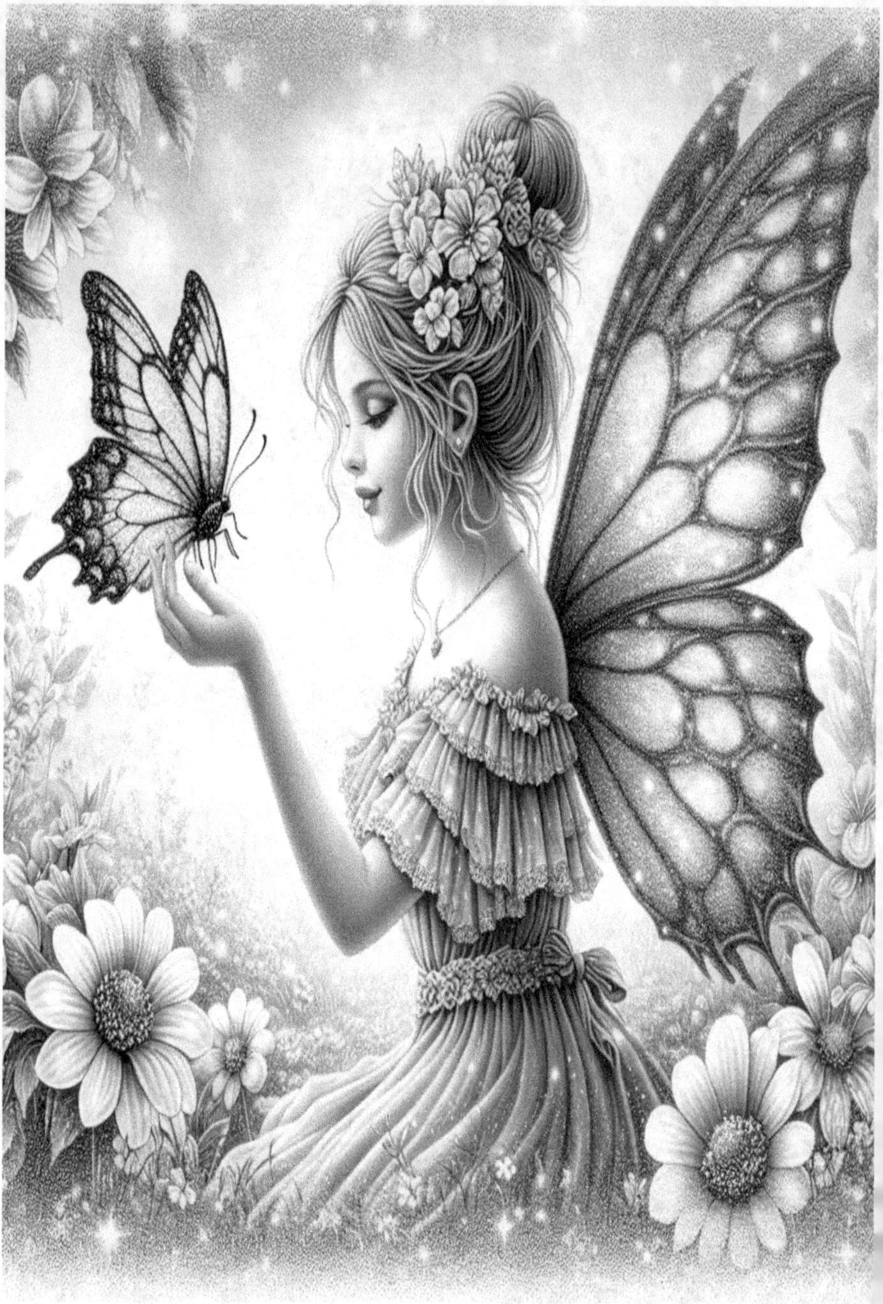

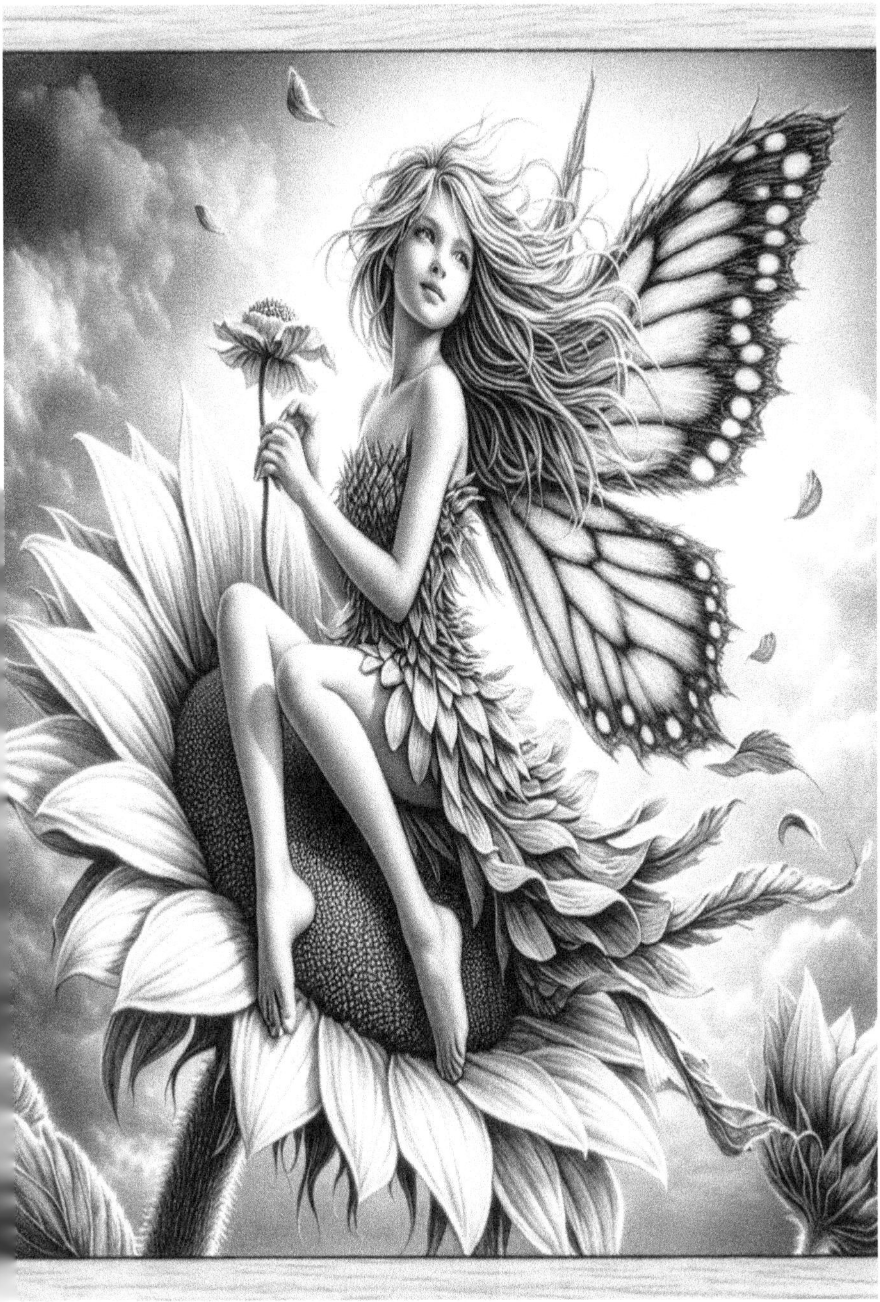

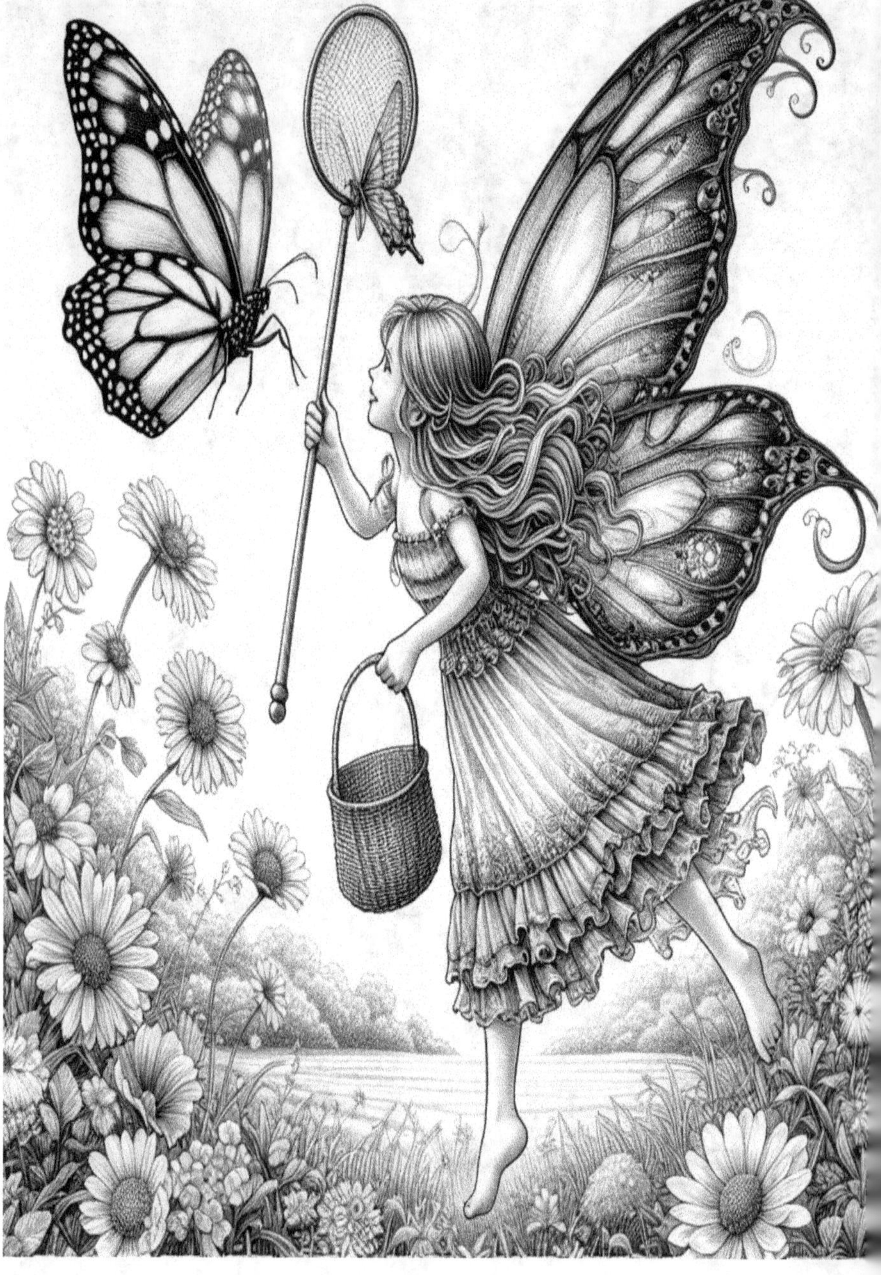

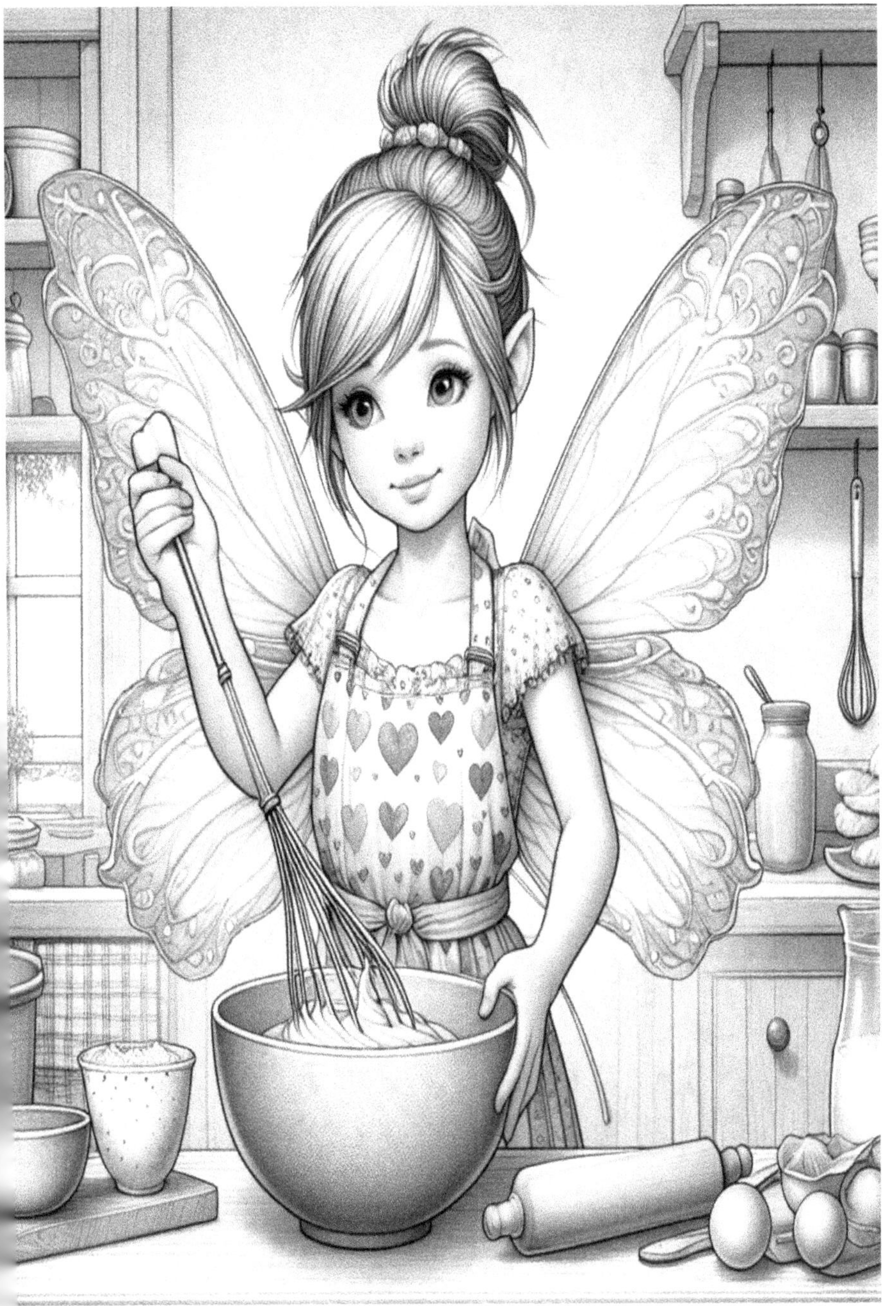

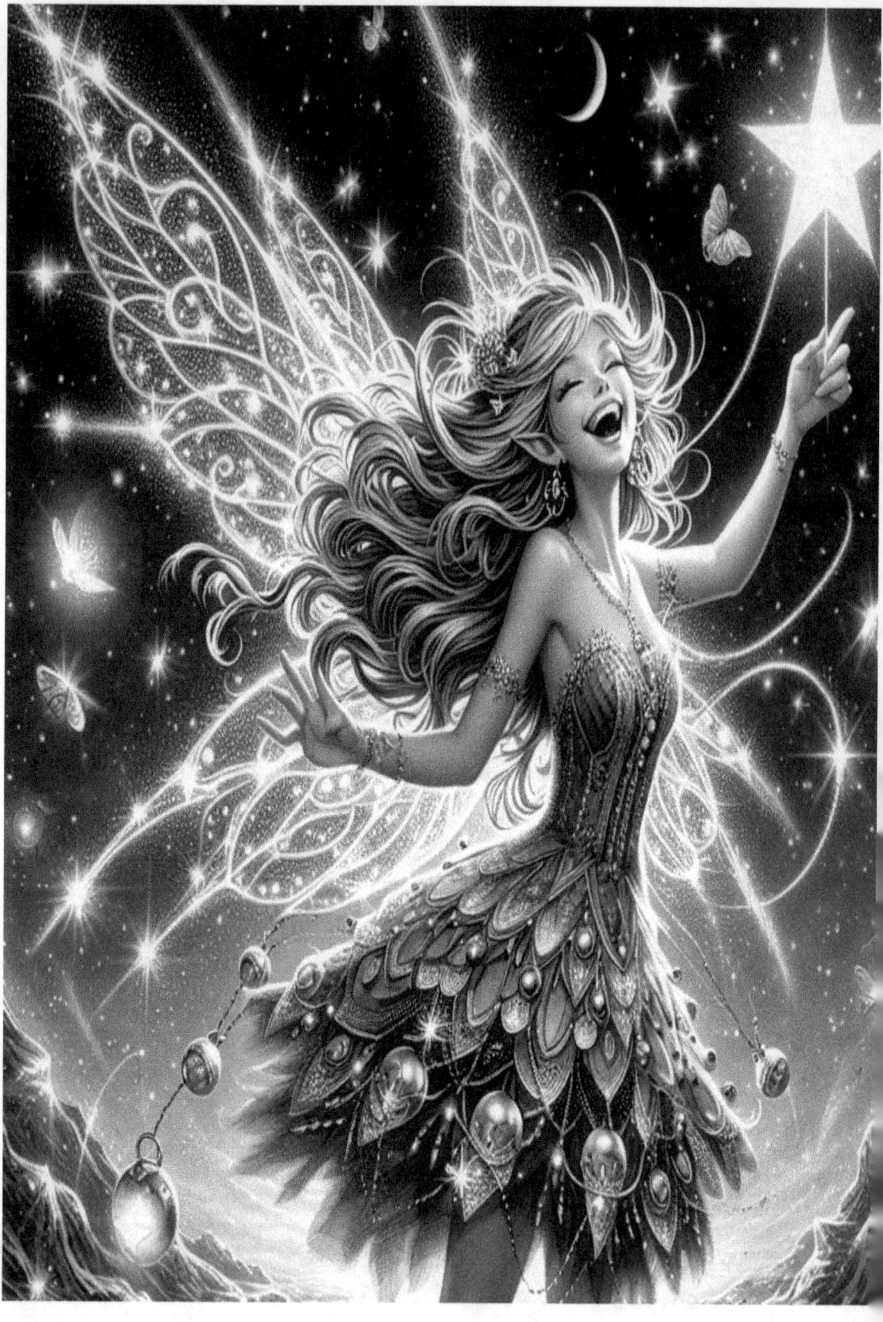

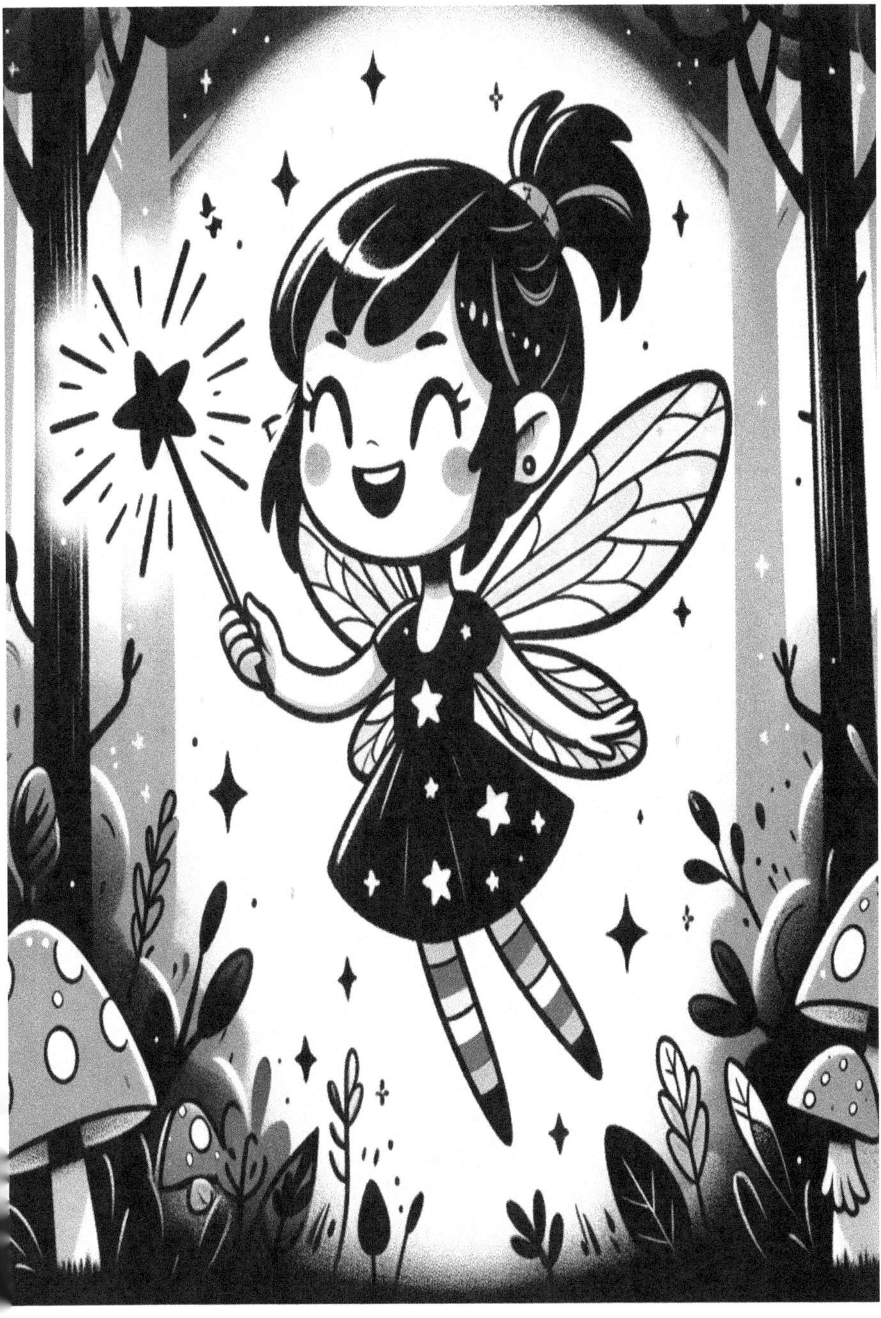

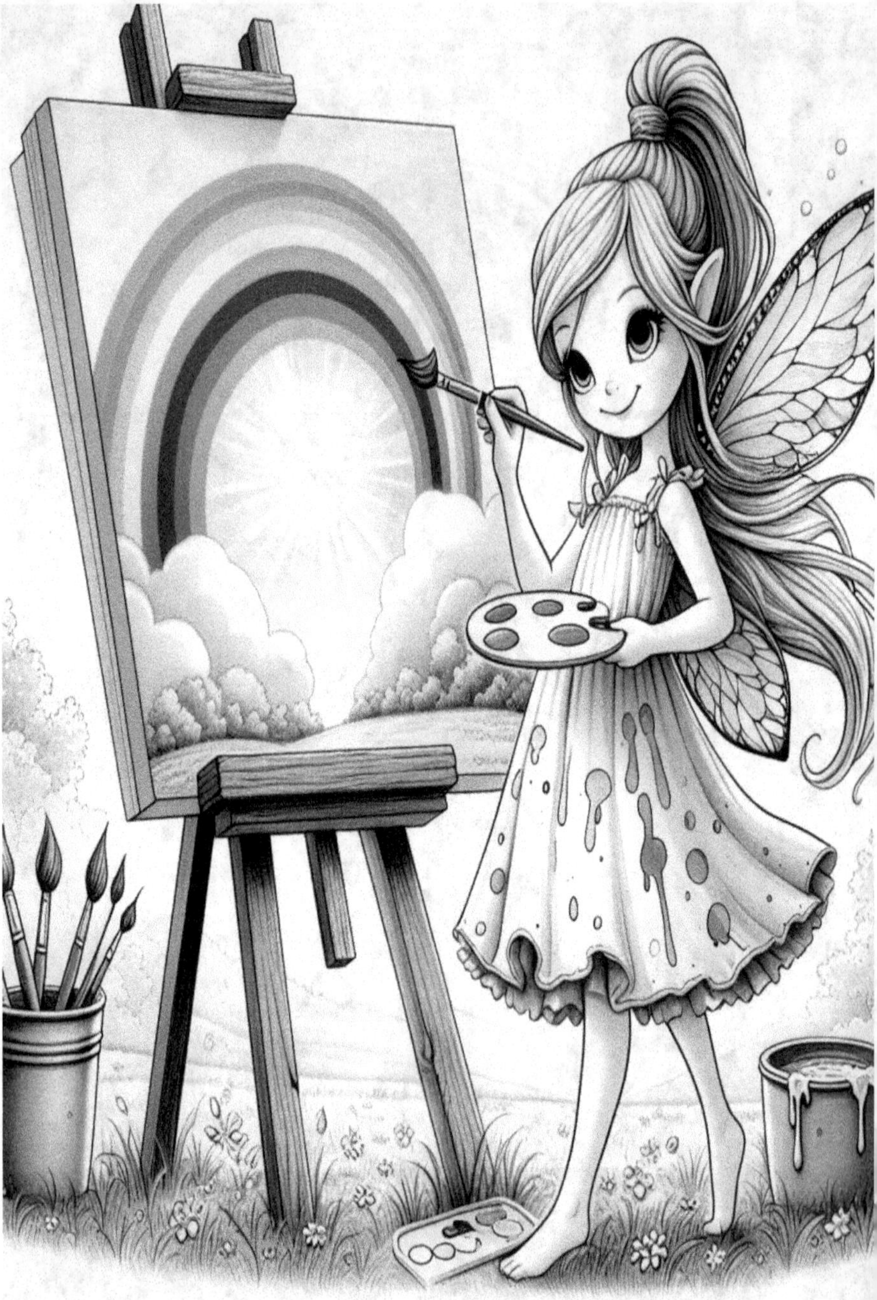

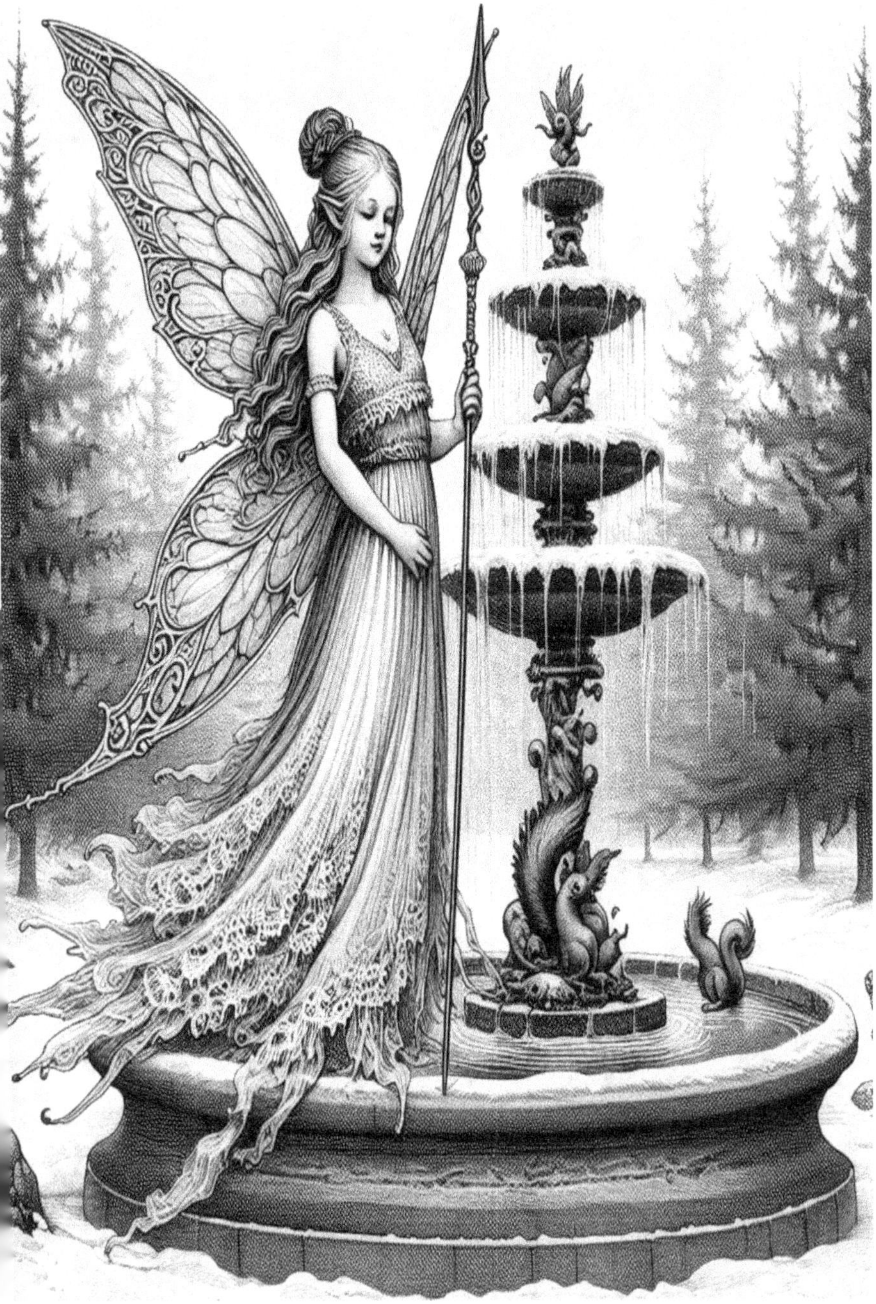

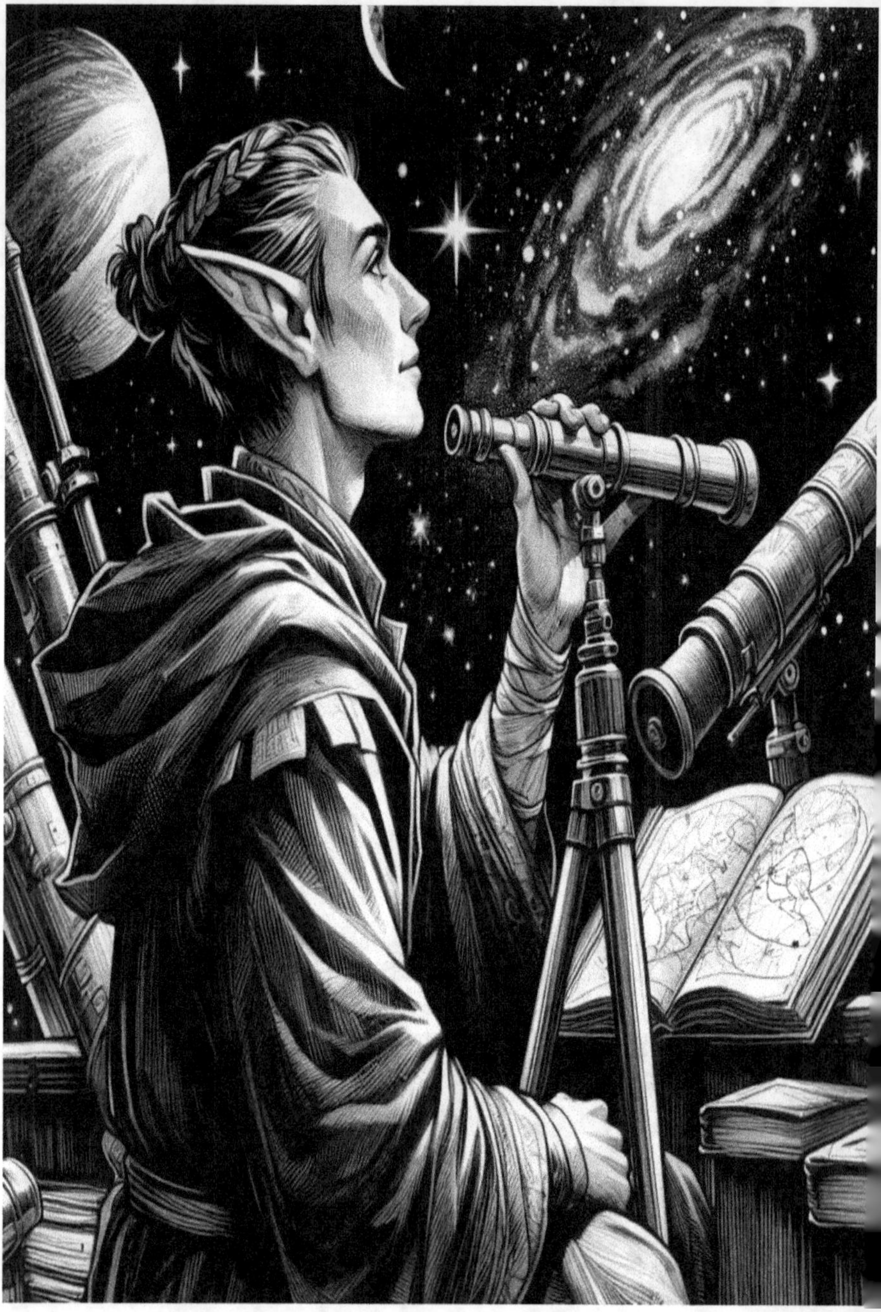

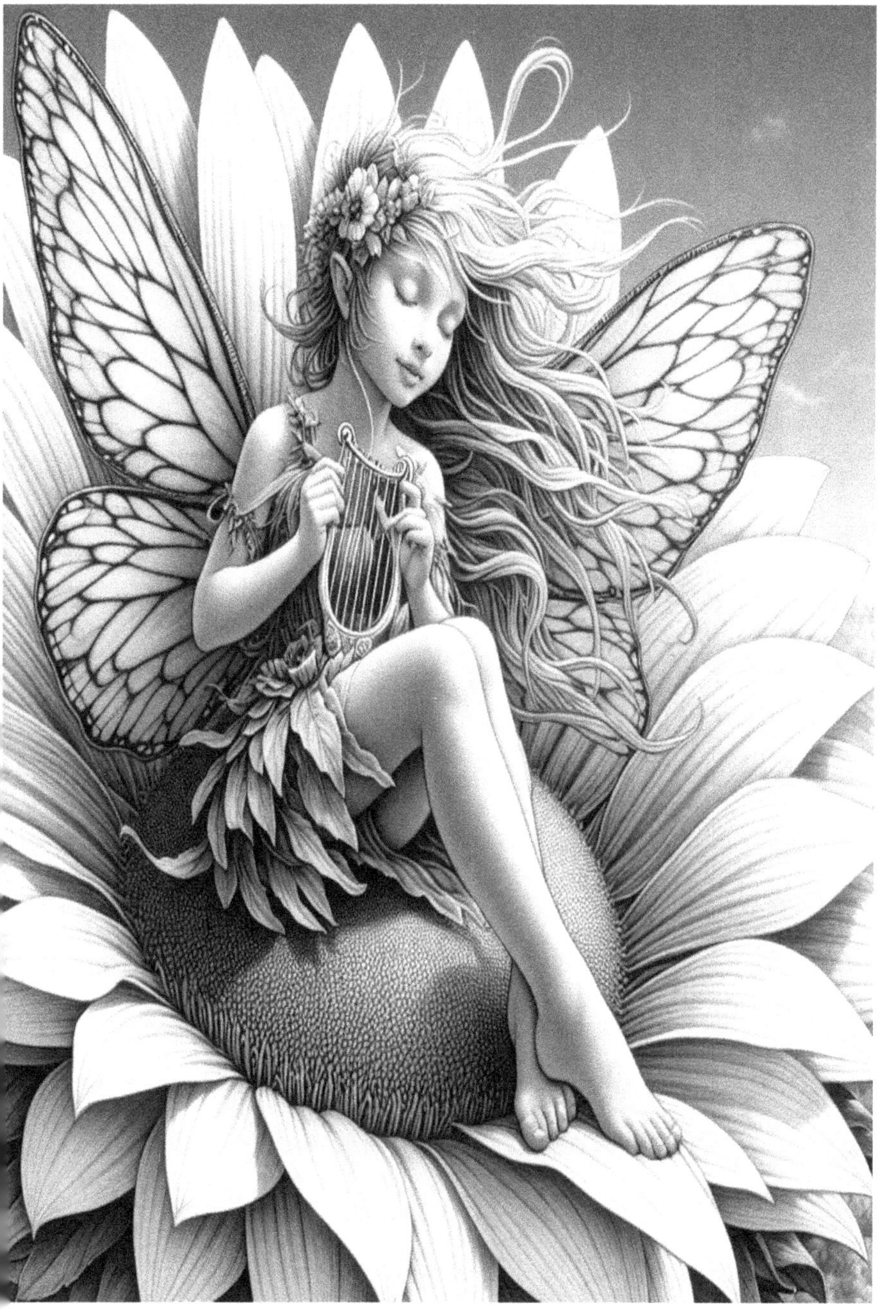

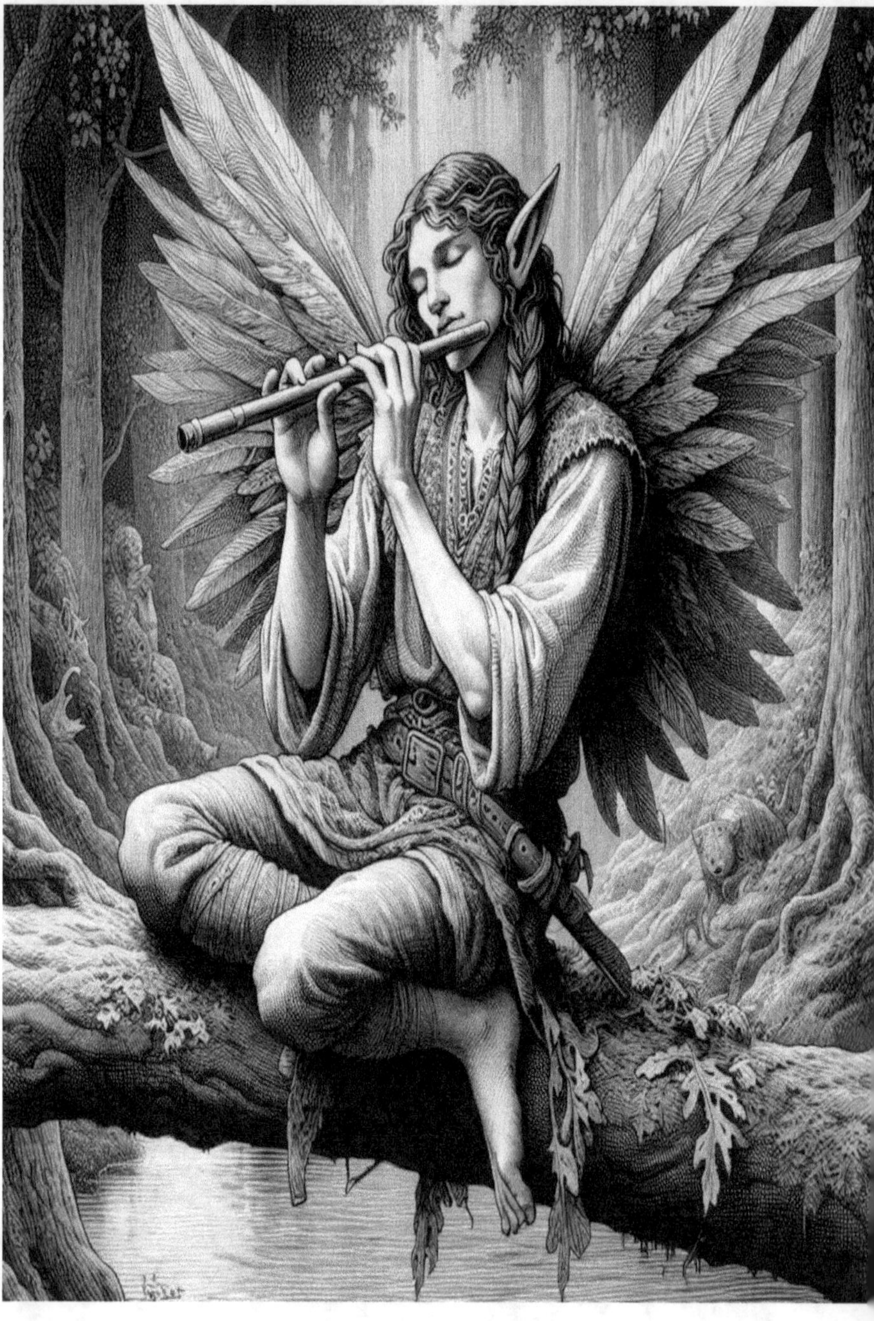

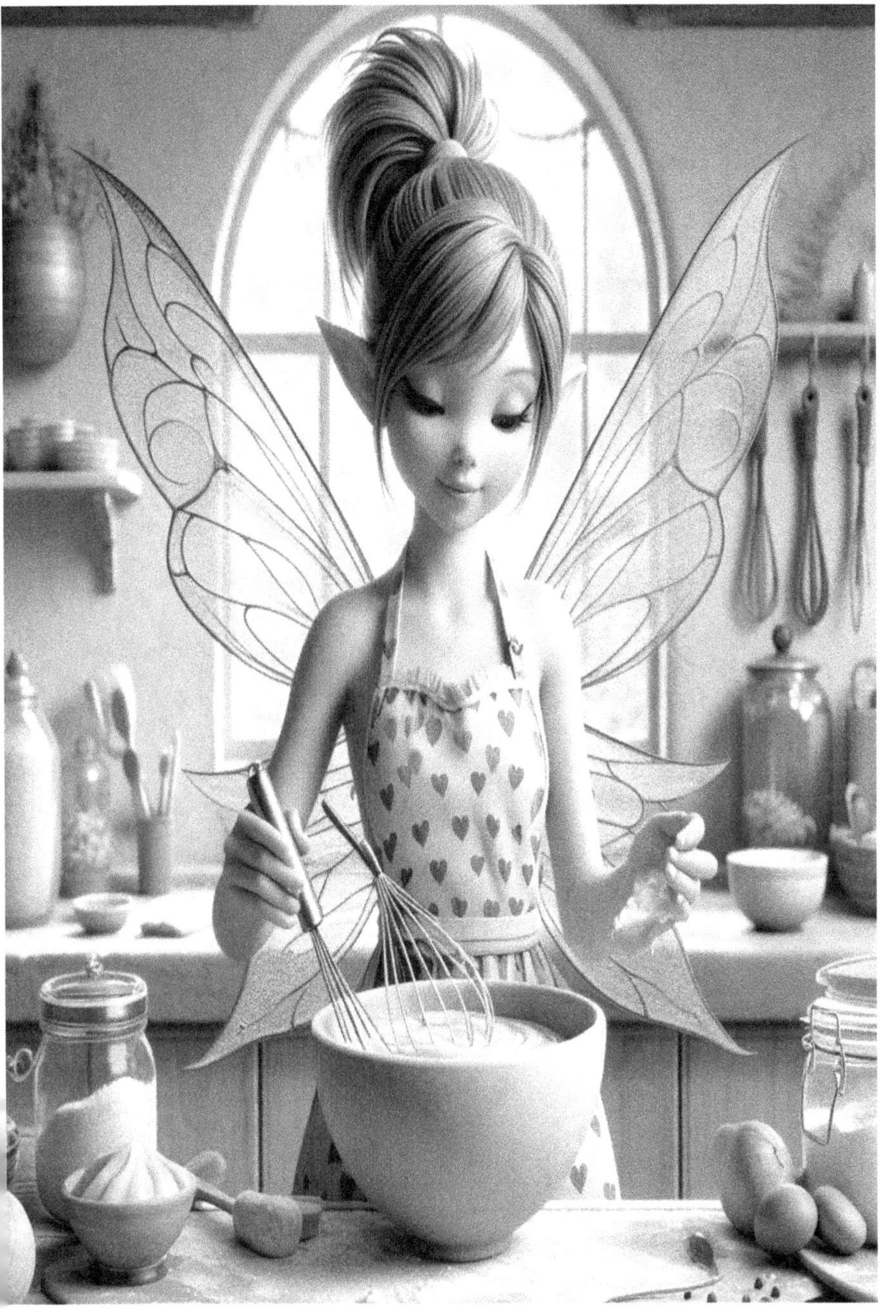

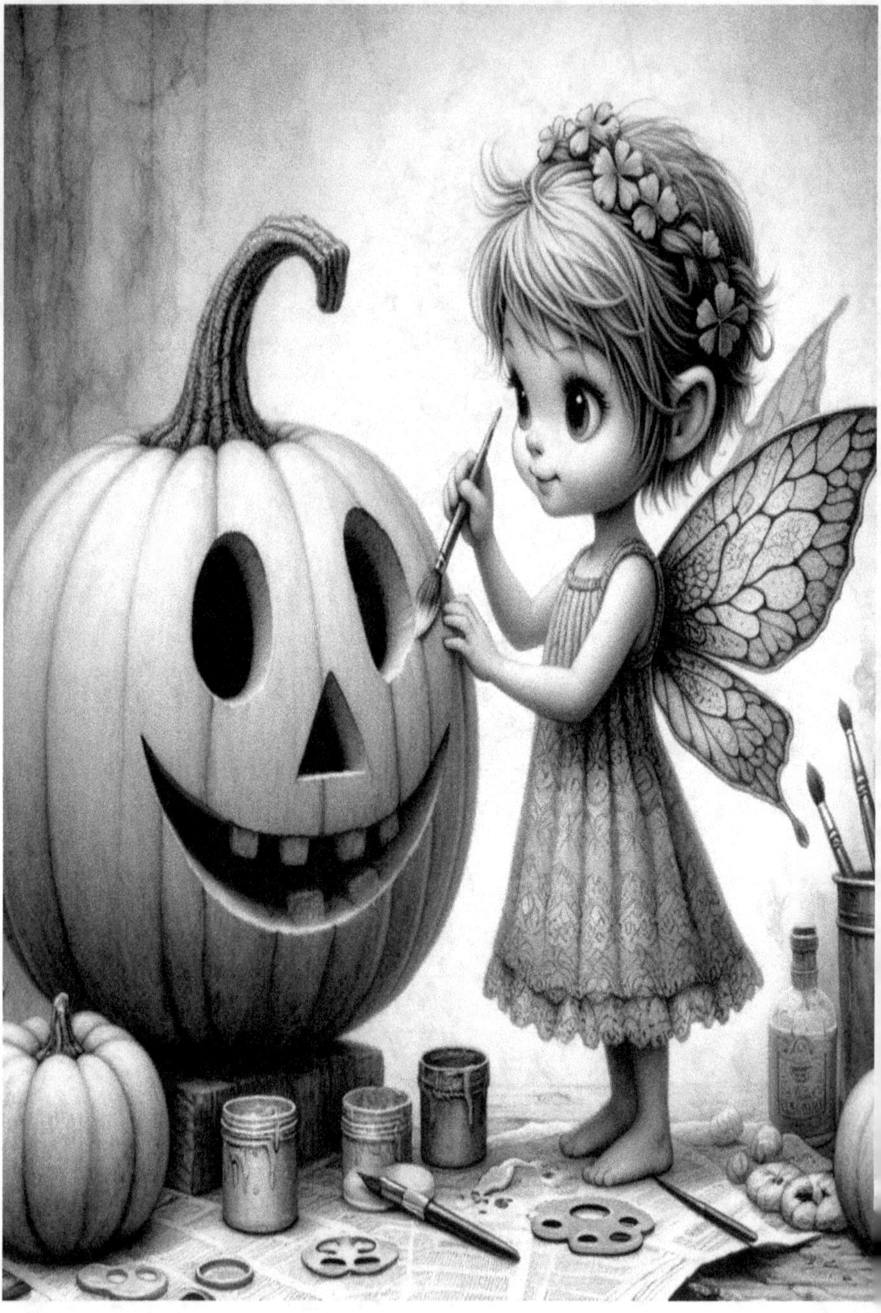

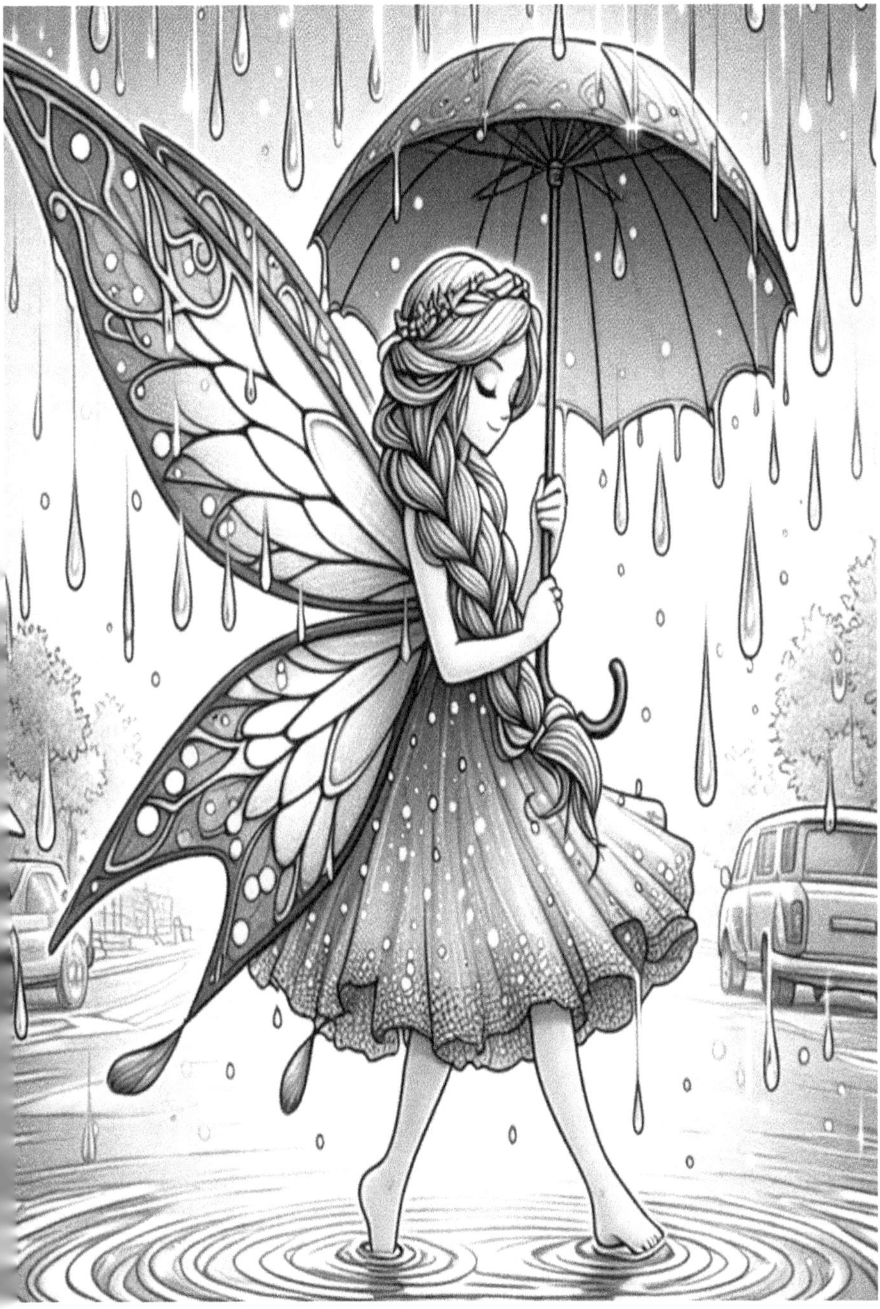

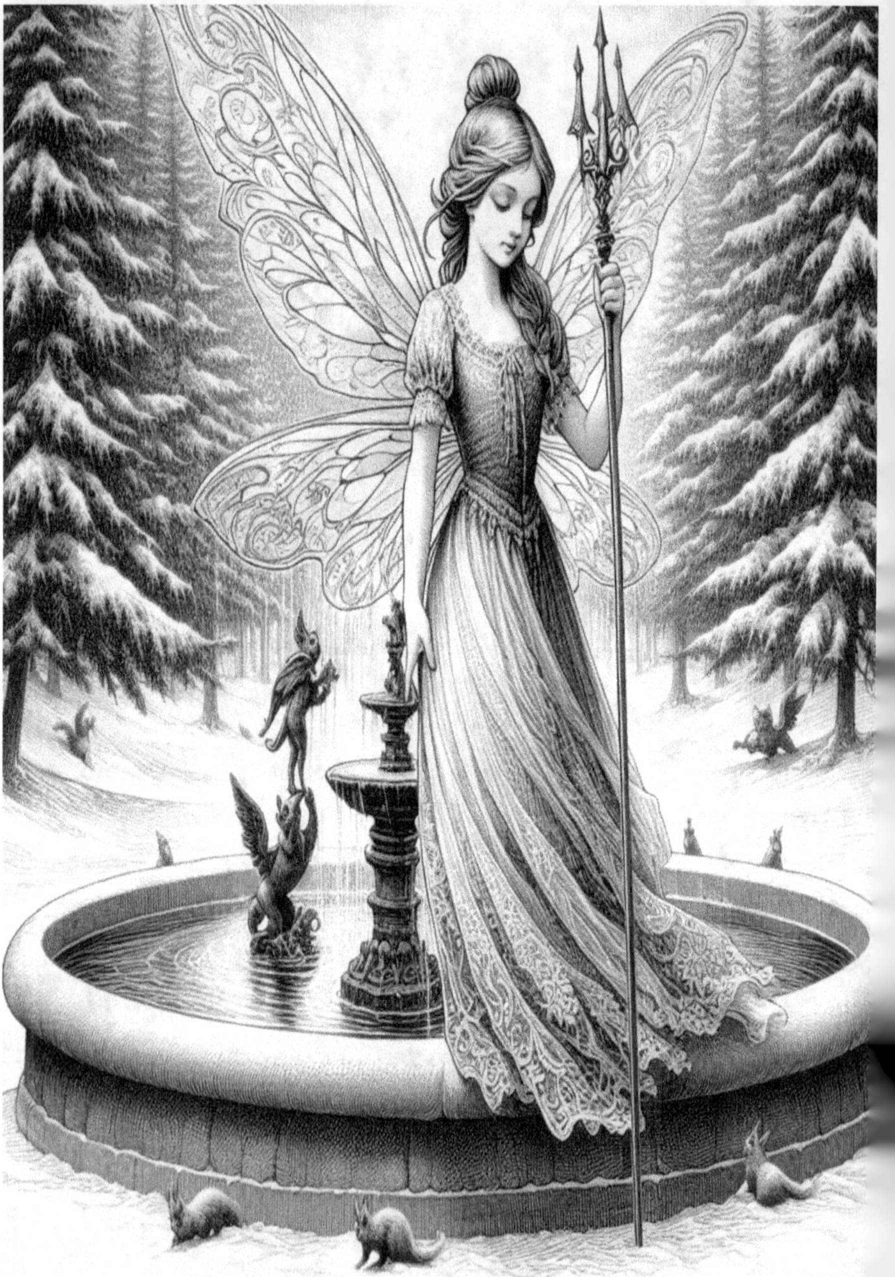

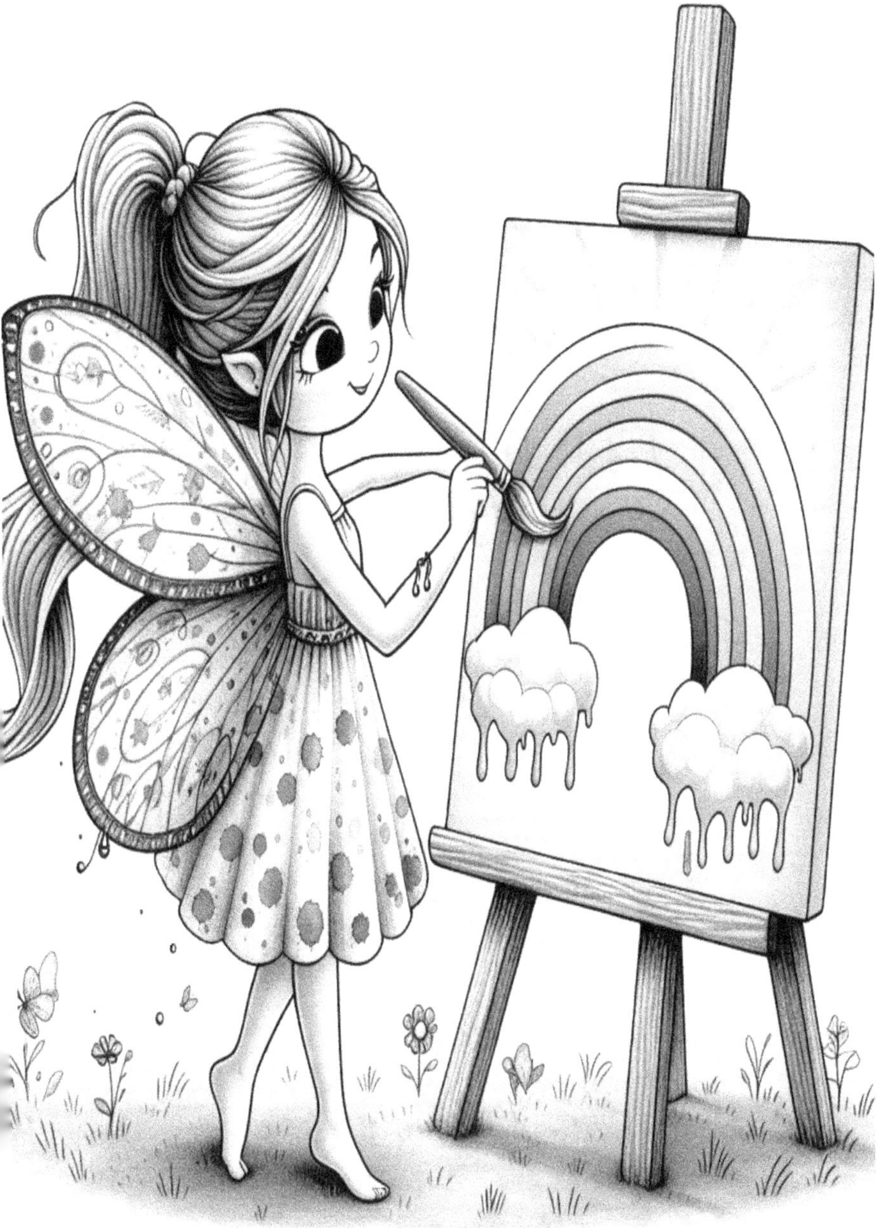

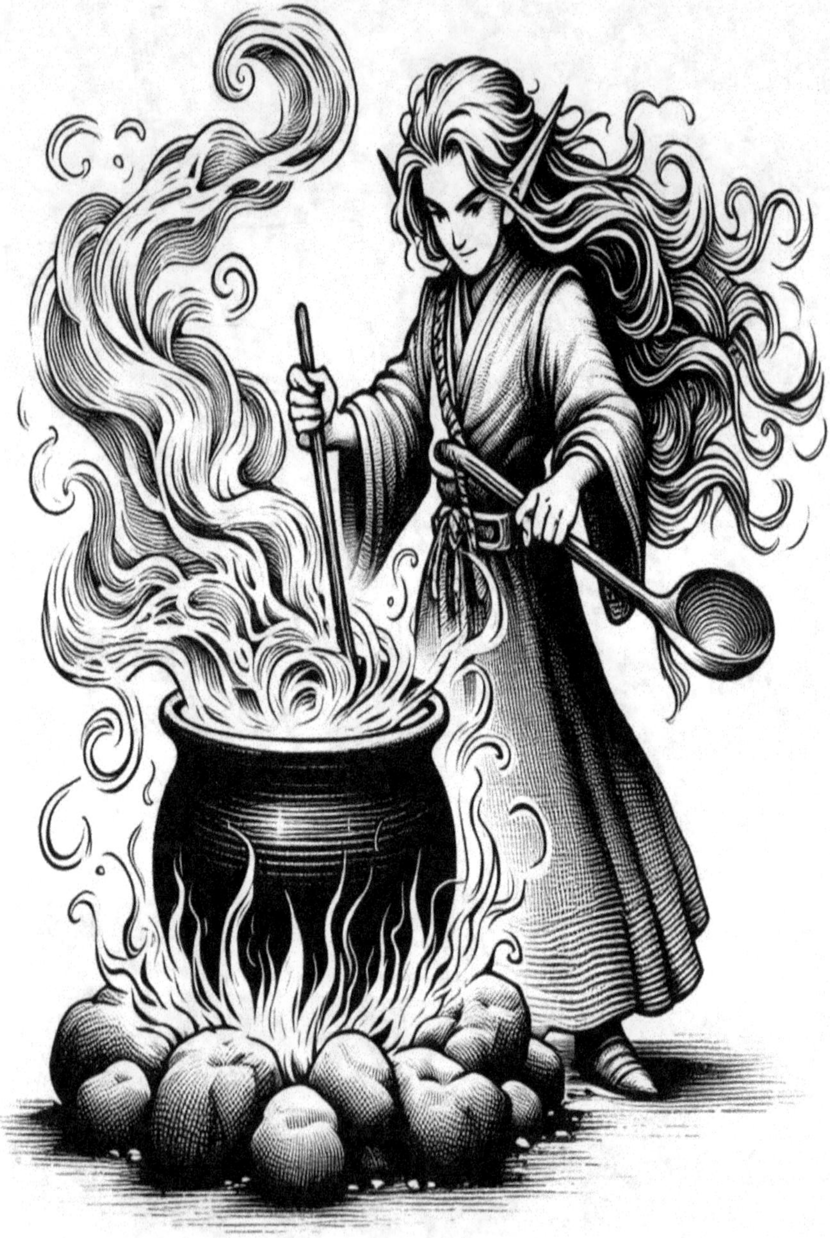

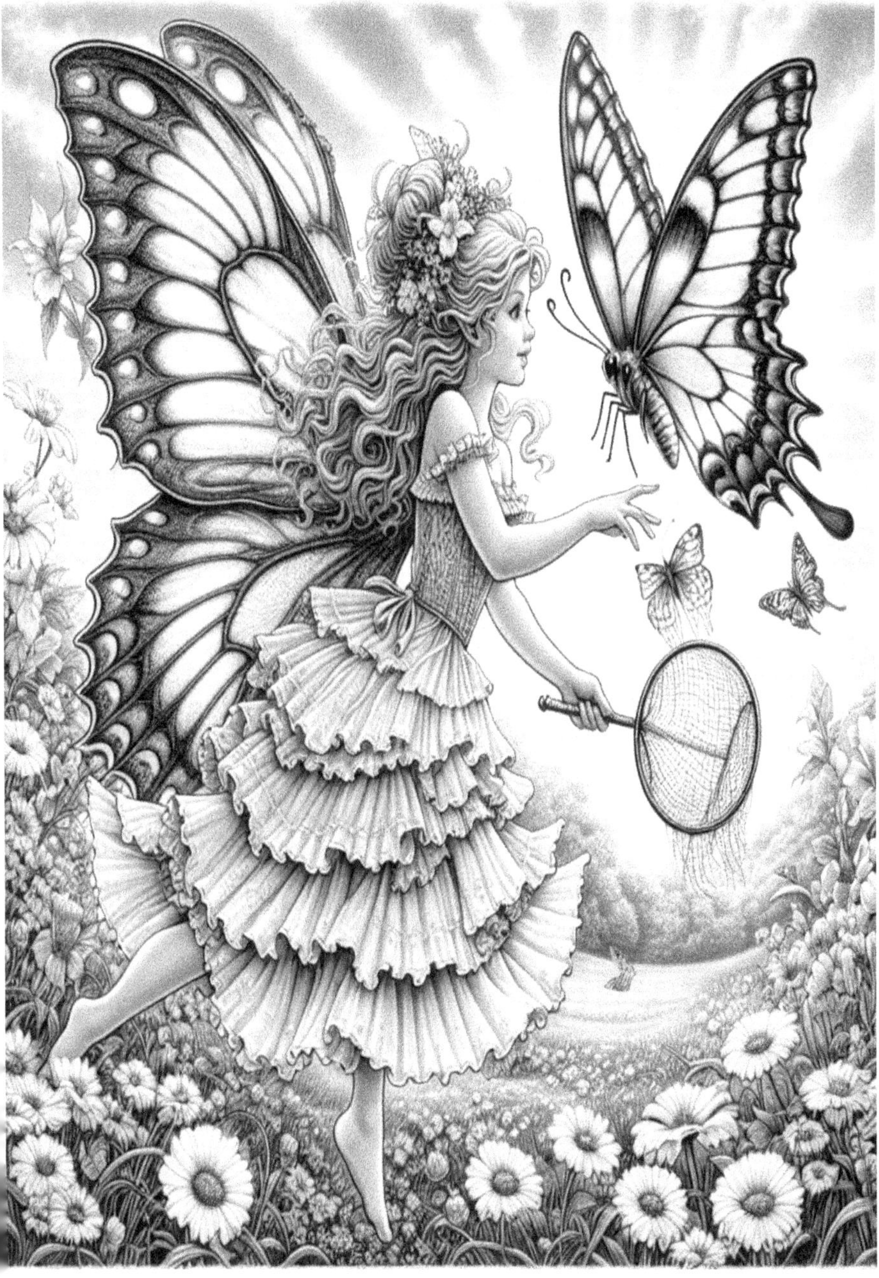

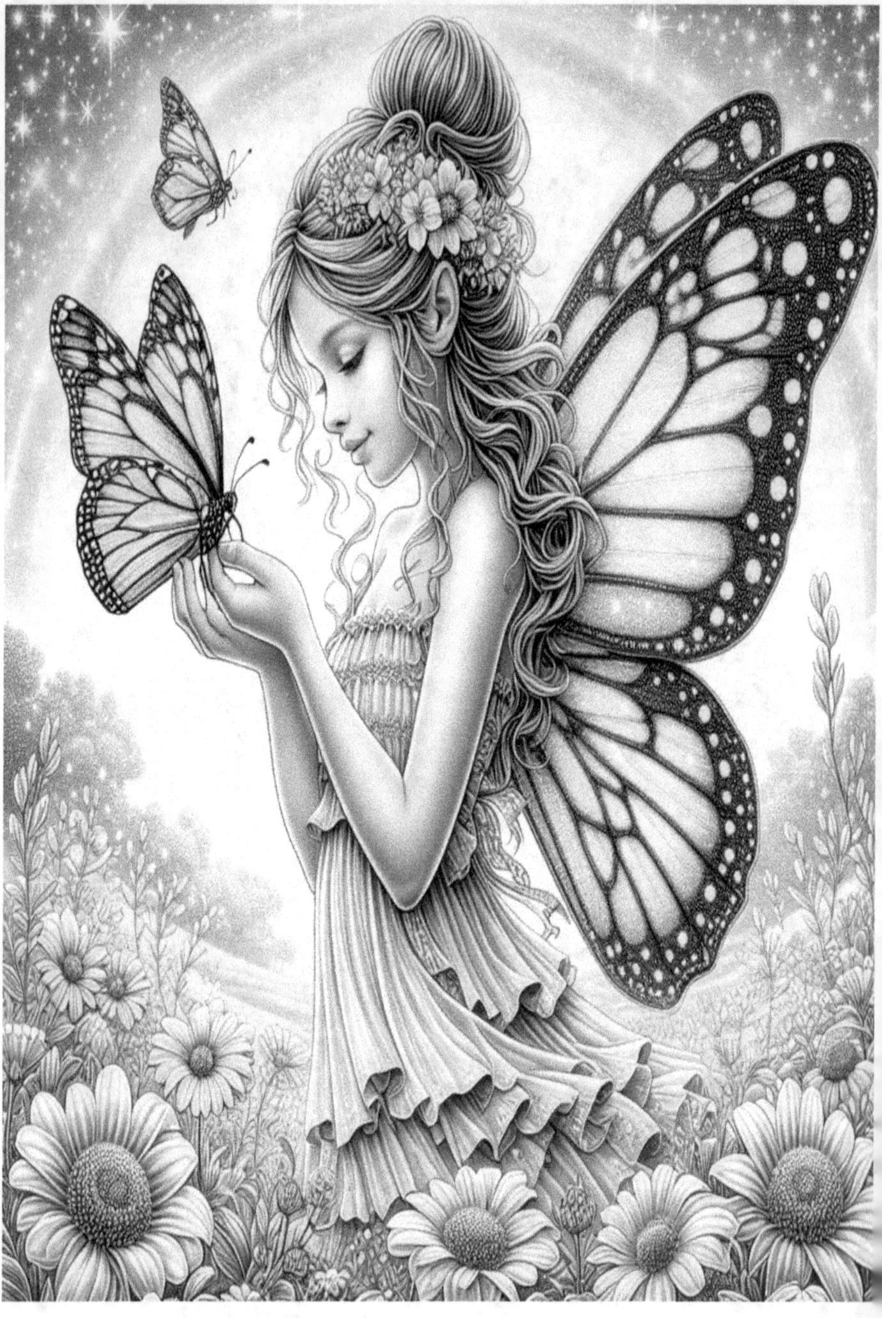

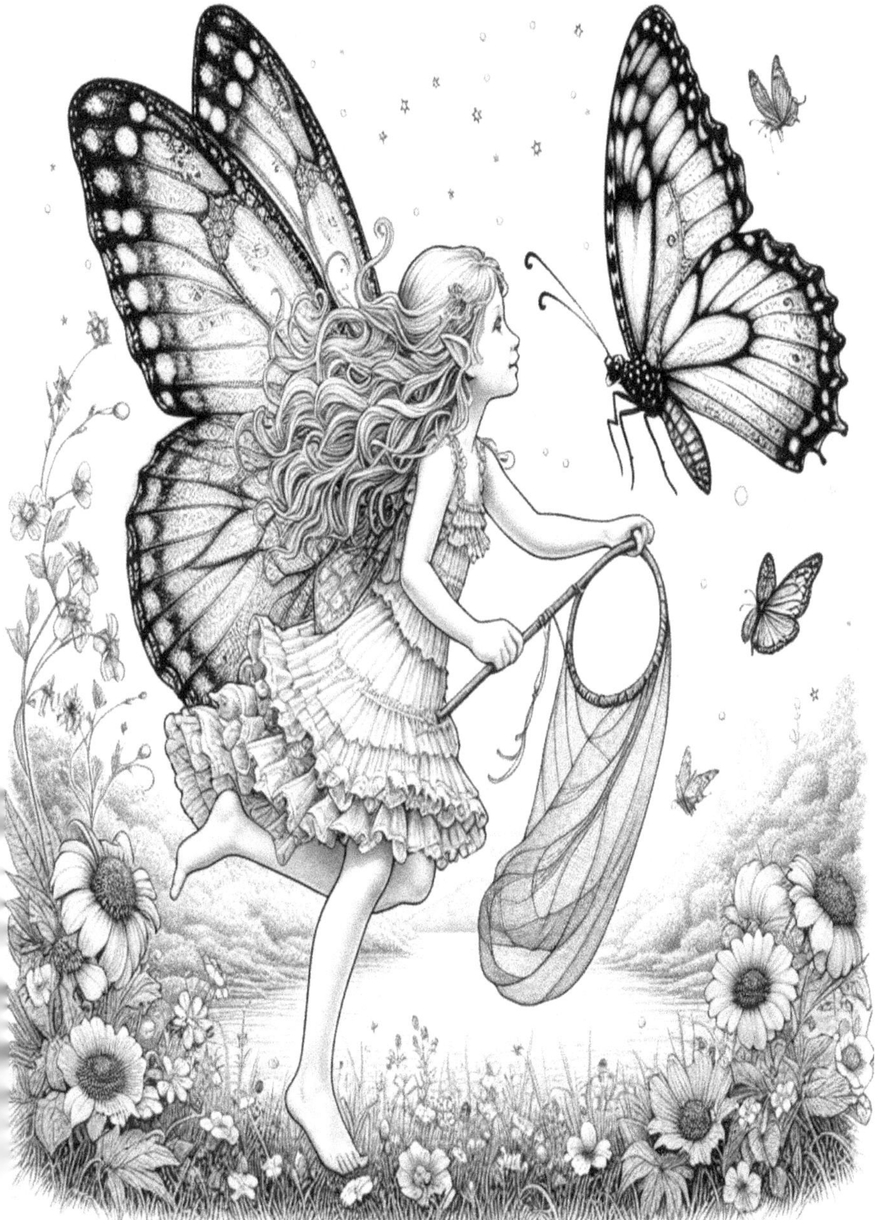

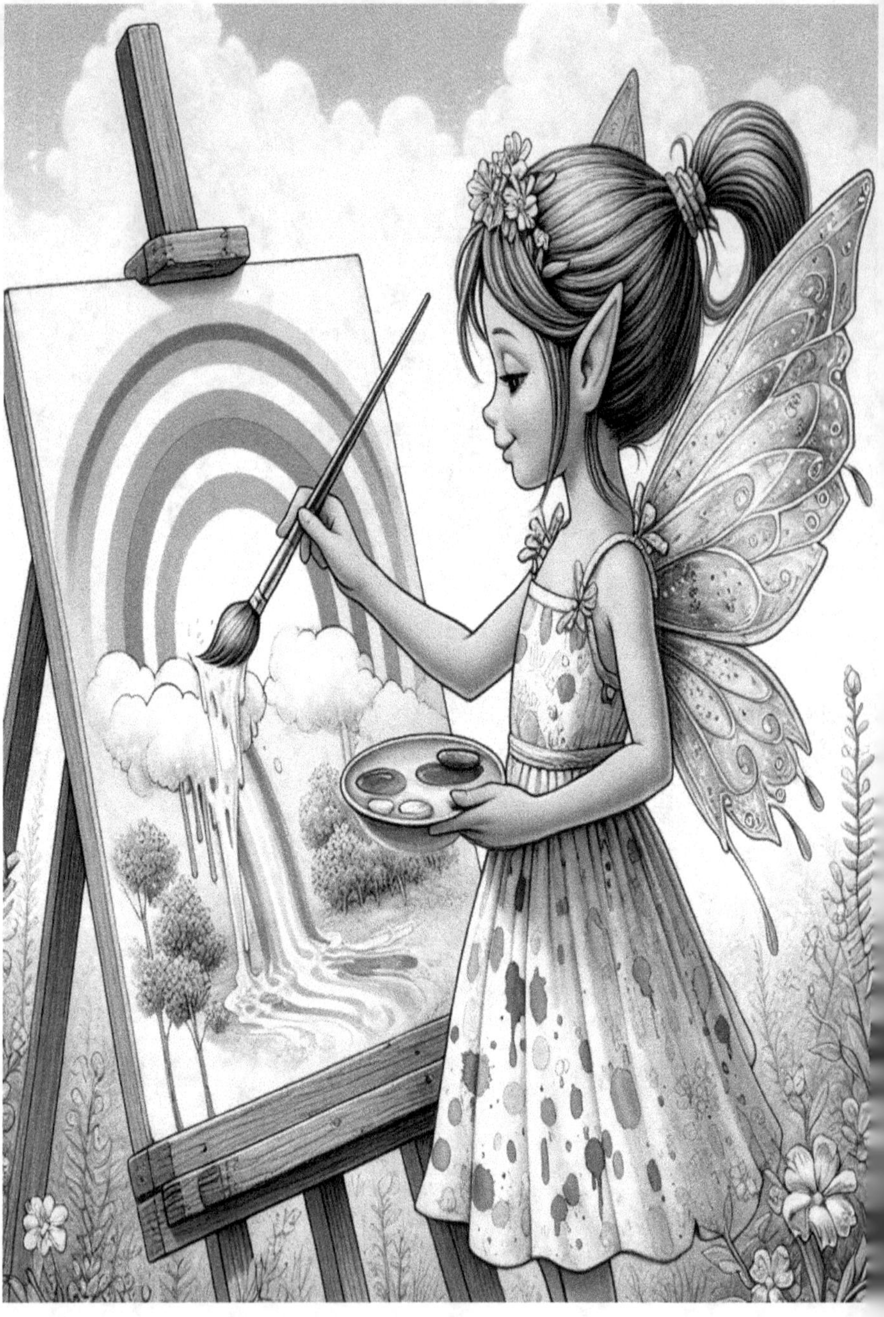

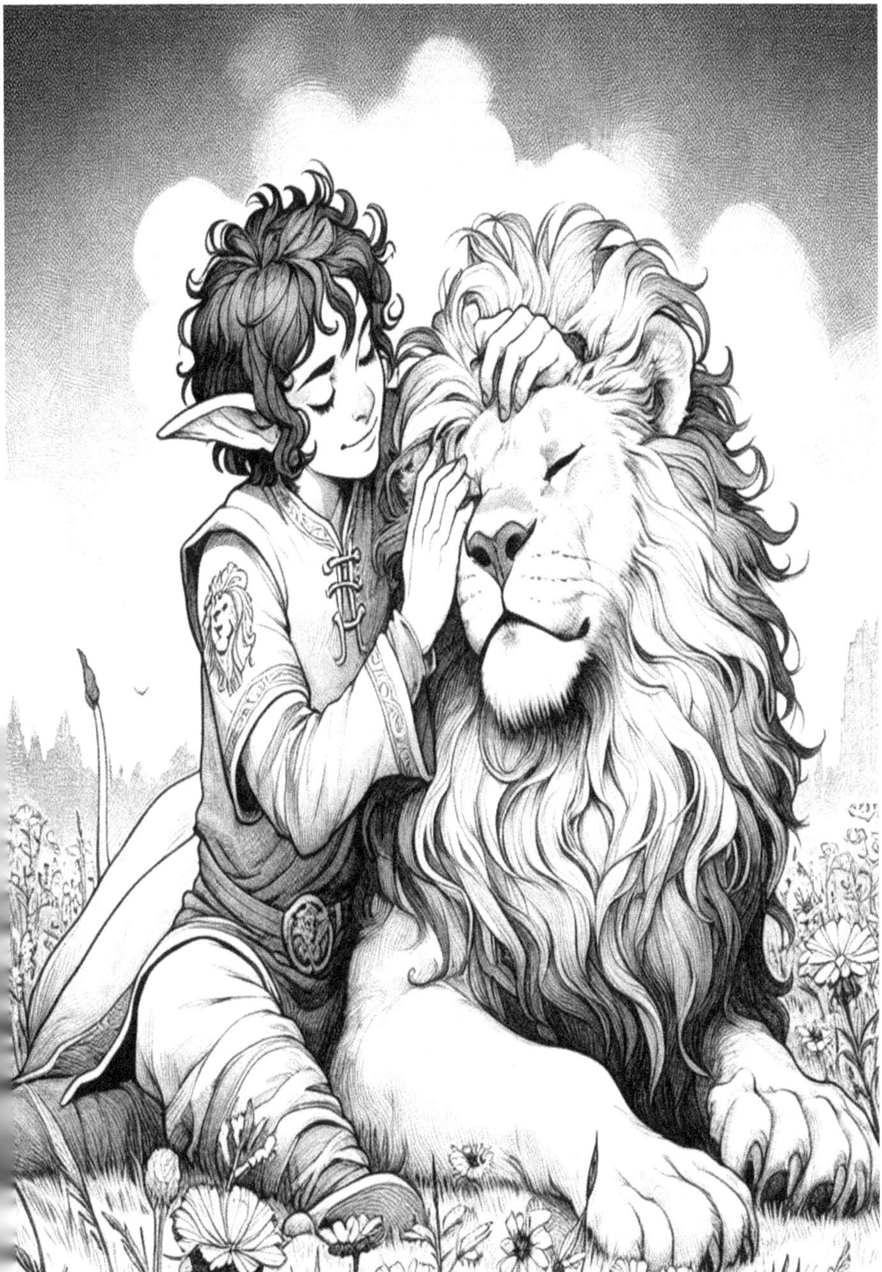

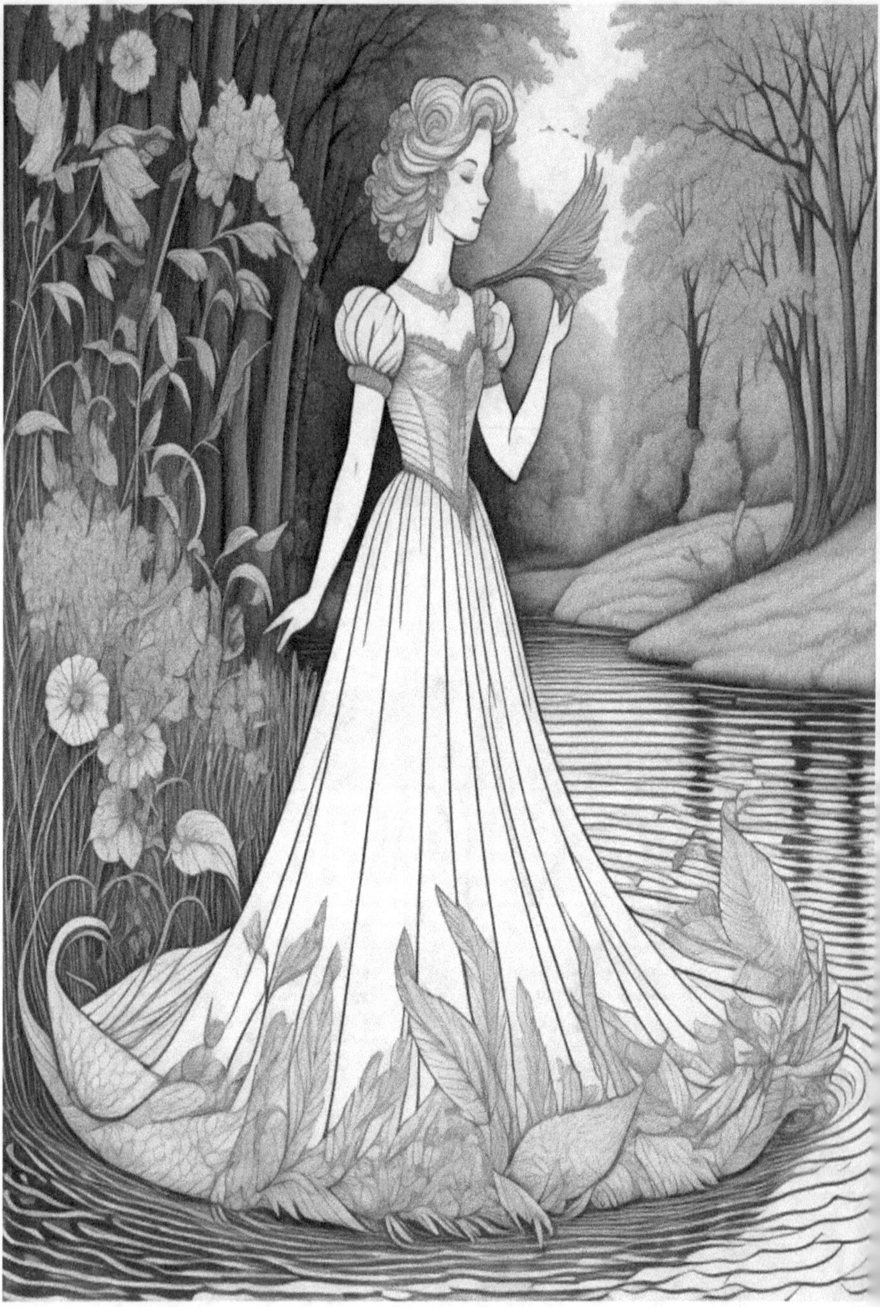

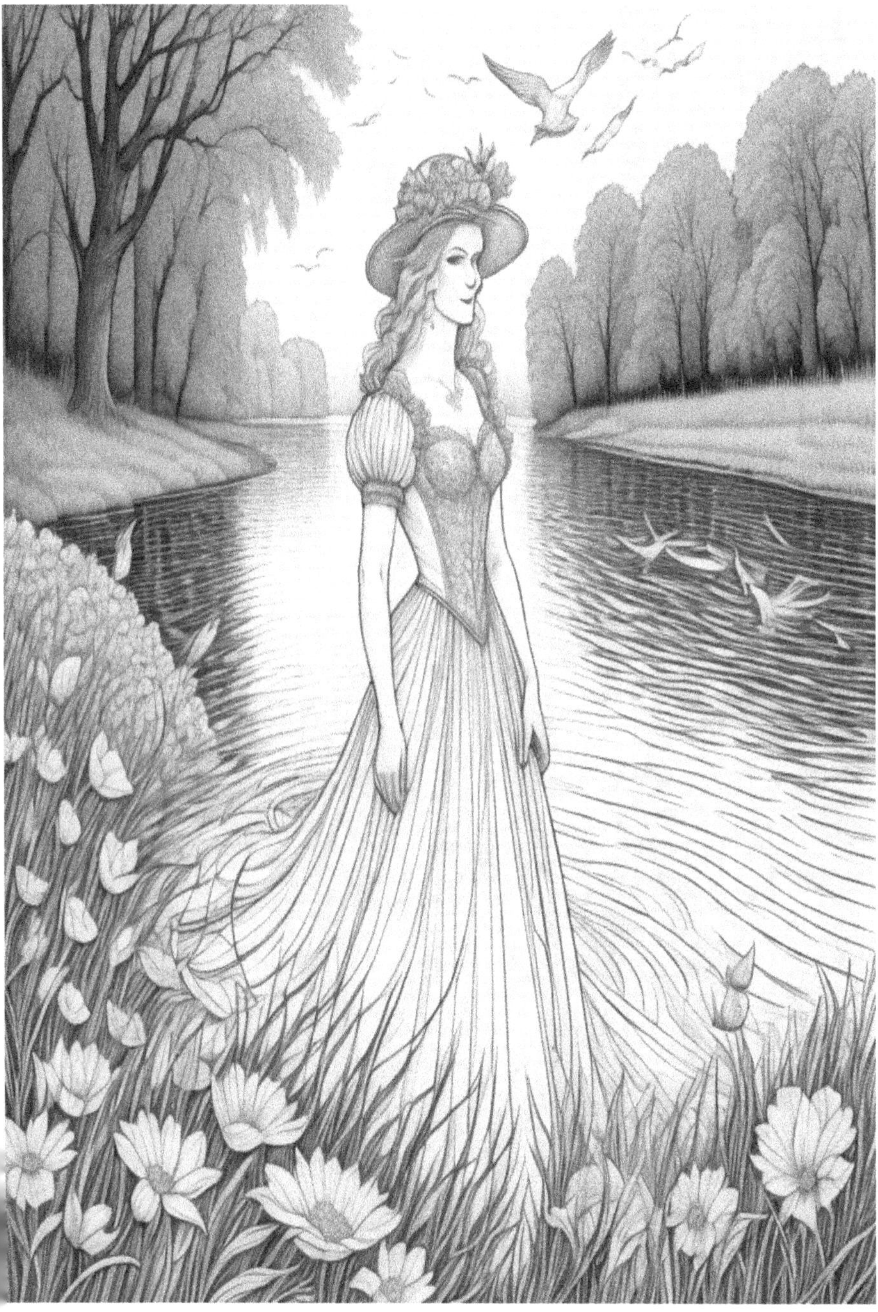

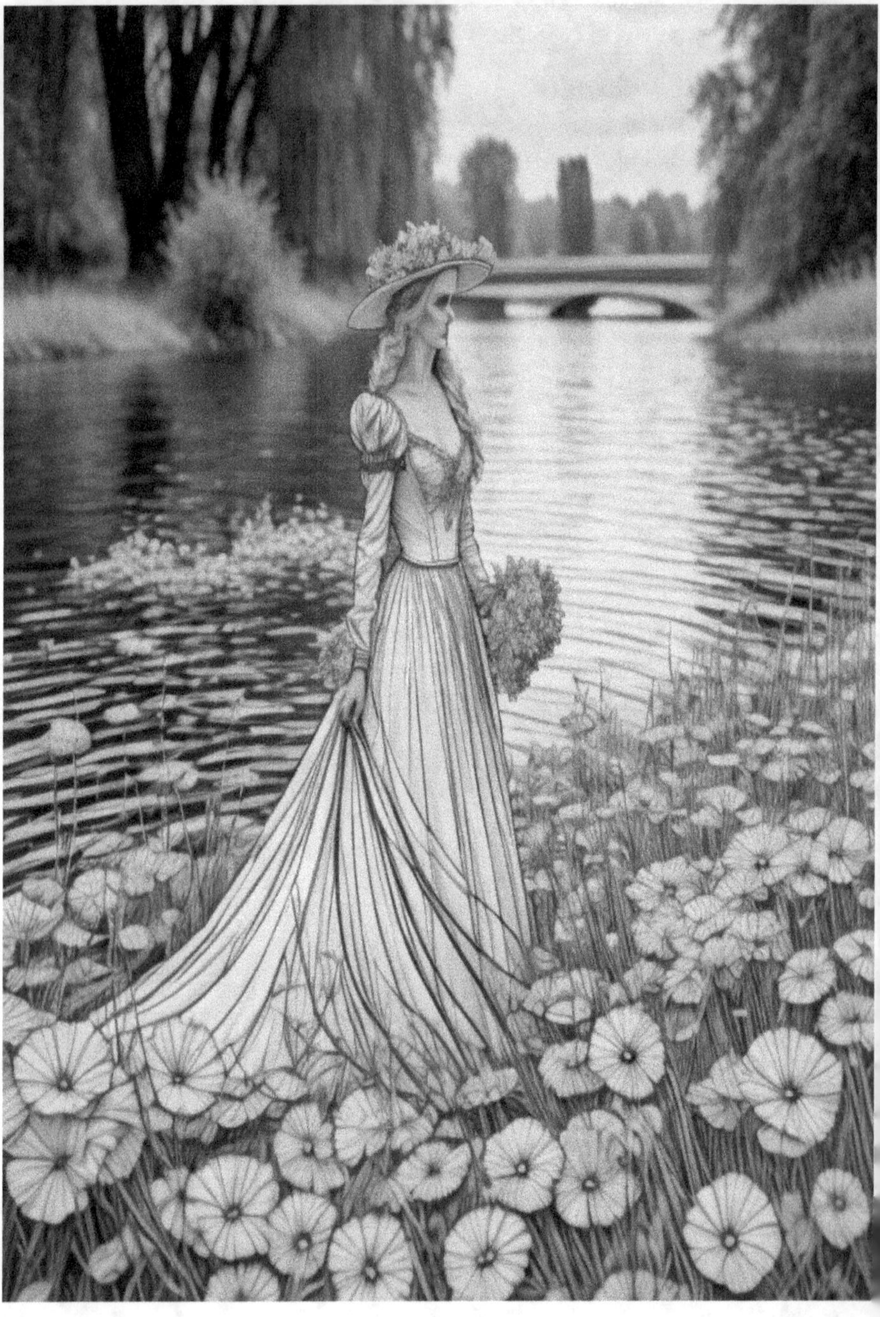

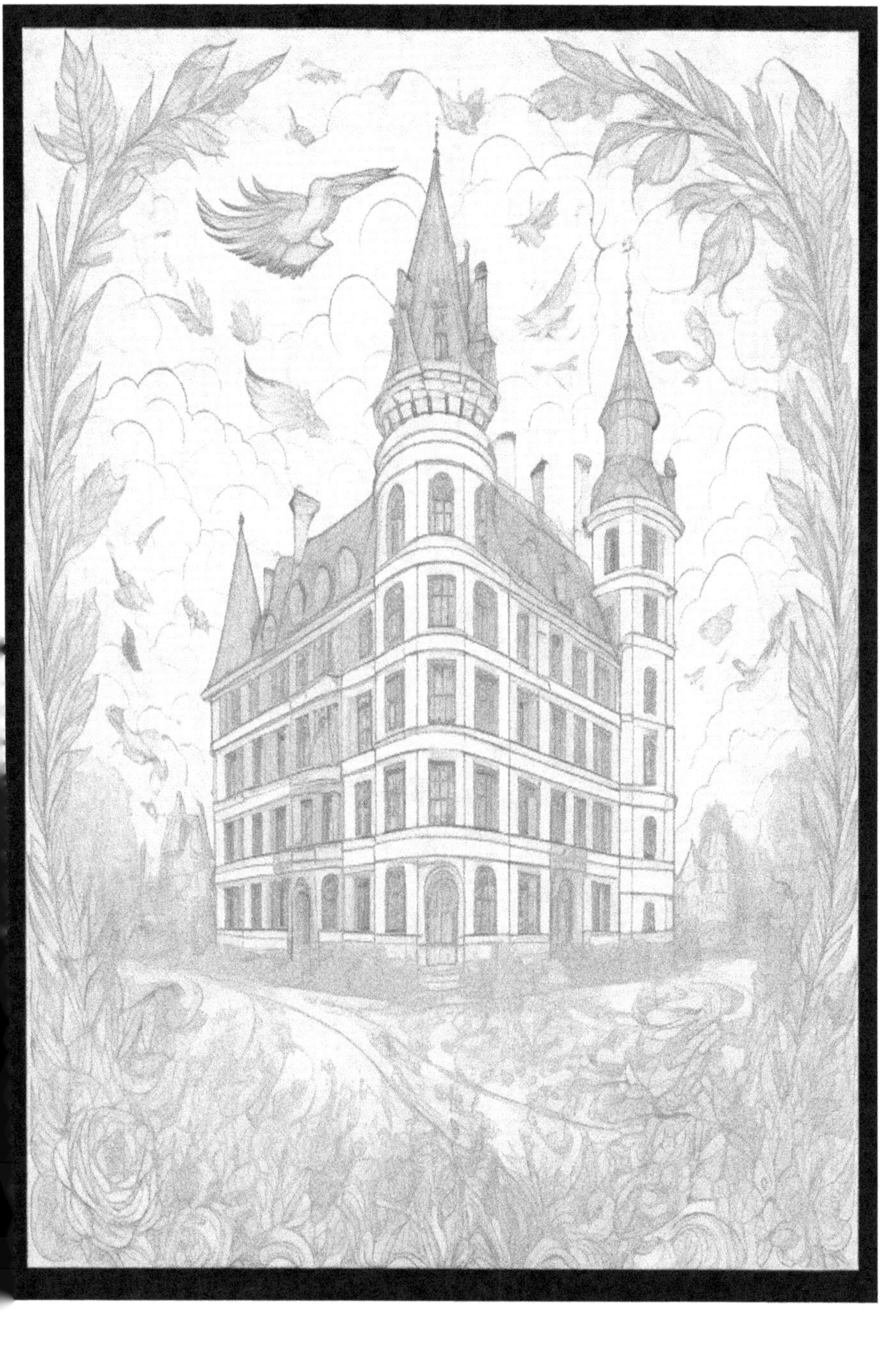

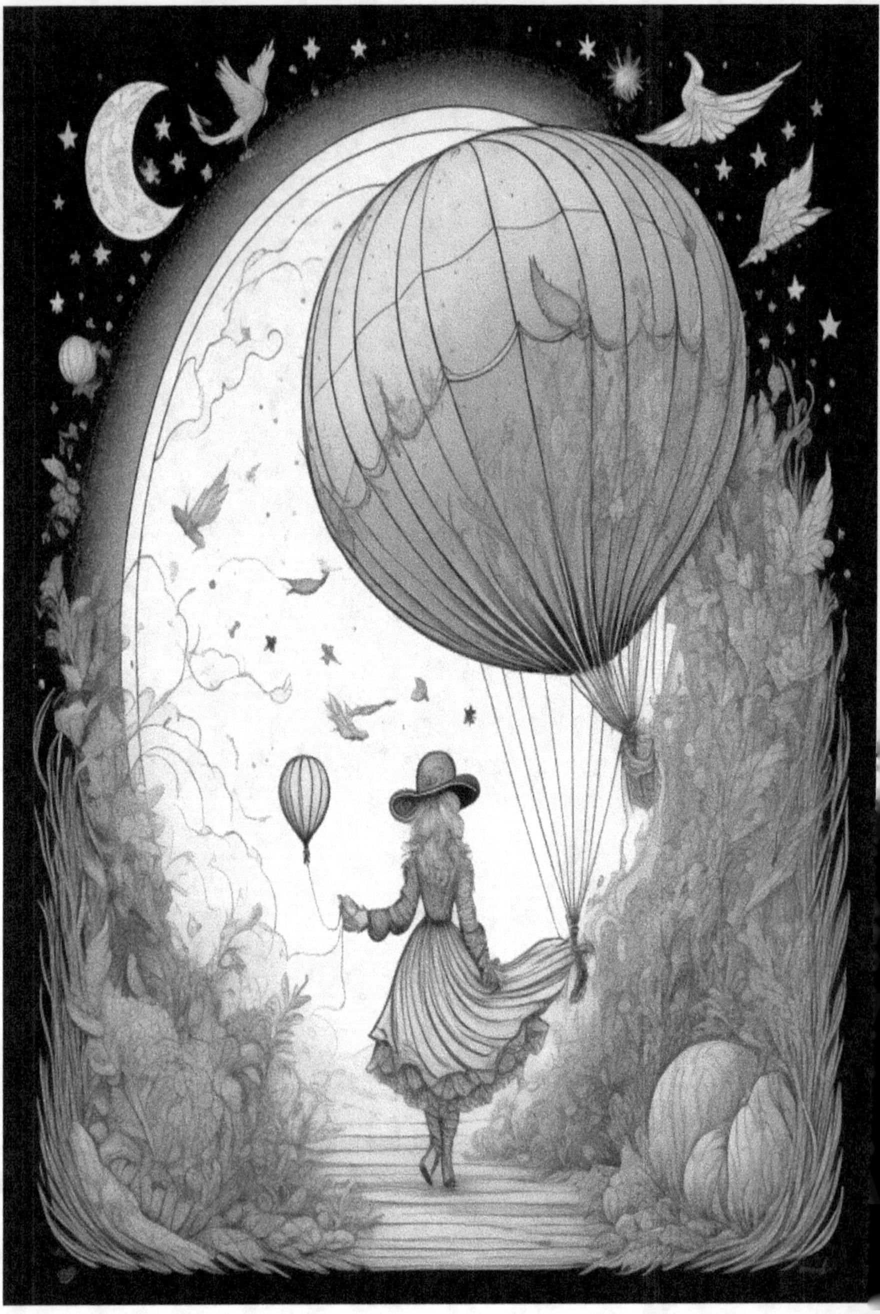

www.ingramcontent.com/pod-product-compliance
Lightning Source LLC
Chambersburg PA
CBHW071216290526
45796CB00008B/267
* 9 7 9 8 8 7 4 4 1 1 9 9 2 *